사춘기 부모 학교

Things I Wish I'd Known Before My Child Became a Teenager
by Gary Chapman

This book was first published in the United States by Northfield Publishing,
820 N. LaSalle Blvd., Chicago, IL 60610
with the title *Things I Wish I'd Known Before My Child Became a Teenager*,
copyright ⓒ 2021 by Gary Chapman.
All rights reserved.

This Korean edition published by Word of Life Press, Seoul 2023.
Translated by permission.
Printed in Korea.

사춘기 부모 학교

ⓒ 생명의말씀사 2023

2023년 5월 19일 1판 1쇄 발행
2023년 7월 12일     2쇄 발행

펴낸이 | 김창영
펴낸곳 | 생명의말씀사

등록 | 1962. 1. 10. No.300-1962-1
주소 | 서울시 종로구 경희궁1길 6 (03176)
전화 | 02)738-6555(본사) · 02)3159-7979(영업)
팩스 | 02)739-3824(본사) · 080-022-8585(영업)

기획편집 | 유영란, 박경순
디자인 | 김혜진
인쇄 | 영진문원
제본 | 보경문화사

ISBN 978-89-04-14153-1 (03230)

저작권자의 허락 없이 이 책의 일부 또는 전체를
무단 복제, 전재, 발췌하면 저작권법에 의해 처벌을 받습니다.

Things I Wish I'd Known
Before My Child Became
a Teenager

게리 채프먼 지음 | 박상은 옮김

# 사춘기 부모 학교

## 십대 자녀를 위해 꼭 알아야 할 12가지

생명의말씀사

Things I Wish I'd Known Before
My Child Became a Teenager

두 명의 십대 자녀를 기르는
여정을 함께해 온
아내, 캐롤린 채프먼에게

들어가는 말  **8**

**01** 십대는 논리적으로 생각하는 능력을 기르는 중이다    13

**02** 십대는 문화로부터 지대한 영향을 받는다    23

**03** 십대는 사랑받는다고 느낄 필요가 있다    35

**04** 십대는 점차 독립적인 성향을 띠게 된다    53

**05** 십대는 사회적 관계 형성의 기술을 배울 필요가 있다    69

**06** 십대는 분노를 다루는 법을 배울 필요가 있다    89

# CONTENTS

**07** 십대는 사과하고 용서하는 법을 배울 필요가 있다 **101**

**08** 십대는 적절한 인도를 받을 필요가 있다 **119**

**09** 십대는 봉사하는 태도를 배울 필요가 있다 **133**

**10** 십대의 정서 건강은 학업에 큰 영향을 미친다 **145**

**11** 십대에게는 영적인 면에서 지도가 필요하다 **161**

**12** 부모의 본은 부모의 말보다 중요하다 **173**

에필로그 **182**
감사의 말 **185**
참고 자료 **186**
주 **194**

## 들어가는 말

누구도 내게 자녀가 십대가 되면 그들의 뇌에서 무언가가 일어난다는 사실을 말해 주지 않았다. 나는 그 같은 현실을 맞이할 아무런 준비가 되어 있지 않았다. 그저 막연히 열세 살에서 스무 살까지의 7년간에도 아이들의 유년 시절을 통해 보아 온 더디고 예측 가능한 성장 패턴이 계속되리라고 생각해 왔을 뿐이다. 나는 십대 자녀의 감정 기복과 예측 불가능한 행동에 전혀 준비되어 있지 않았다.

전작인 『부모가 되기 전에 꼭 알아야 할 12가지』(Things I Wish I'd Known Before We Became Parents, 생명의말씀사 역간)를 읽어 본 독자라면 캐롤린과 나에게 네 살 터울의 두 자녀가 있음을 알 것이다. 그 아이들이 십대 때 보여 준 모습은 서로 완전히 달랐고, 그리하여 나는 십대의 성장 과정에 대해 깊이 생각하게 되었다. 모든 십대에게 적용 가능한 단 하나의 패턴은 없다. 하지만 십대 때 공통적으로 일어나는 신체적, 정신적, 신경학적 변화는 있다.

모든 사람이 십대 시절은 아동기에서 청소년기로 넘어가는 매우 중요한 시기라는 데 동의한다. 이 시기에 내린 결정은 평생에 커다란 영향을 미친다. 우리 모두는 인지 능력과 신체 능력을 손상시키며 때로는 죽음에 이르게까지 하는 파괴적인 삶의 방식을 선택하는 십대들이 있음을 안다. 이는 현대 서구 문화의 크나큰 비극 중 하나다.

　나는 또한 대부분의 사람이 십대 자녀들의 삶에서 부모가 매우 중요한 역할을 한다는 데 동의하리라고 생각한다. 집에 있는 시간이 거의 없거나 아이를 학대하는 부모는 자녀의 행동에 매우 부정적인 영향을 미친다. 반면 서로를 깊이 사랑하고 자녀를 인도하는 데 진지한 노력을 기울이는 부모는 매우 긍정적인 영향을 미친다.

　그렇다고 부모가 할 일을 제대로 하면 자녀들이 저절로 책임감 있는 성인으로 자란다는 뜻은 아니다. 우리 모두는 사랑이 많은 가정에서 자랐으면서도 잘못된 결정을 내려 파괴적인 결과를 초래한 십대들이 있음을 안다. 나는 지난 수년간 내 상담실에서 이 같은 십대들의 부모를 수없이 만나 보았다. 그들이 공통적으로 하는 말은 "내가 무엇을 잘못했을까요?"다. 그들은 자신들이 자녀 양육을 잘했더라면 십대 자녀들이 그런 결정을 내리지 않았을 거라고 생각한다. 그러나 십대도 인간이고, 인간에게는 고통을 초래하는 결정을 포함해서 다양한 결정을 내릴 자유가 있는 것이 사실이다. 이 같은 사실을 받아들인다고 해서 고통이 사라지지는 않겠지만, 적어도 좌절감을 딛고 일어나 "이제 그들을 어떻게 도울 것인가?" 하고 물을 수는 있을 것이다. 그 십대가 살아 있는 한, 그의 미래를 구할 희망은 늘 존재한다.

　인간에게 결정의 자유가 있음을 인정한다고 해도 자녀가 긍정적인 방식으로 살아가도록 돕는 데 부모가 주된 역할을 한다는 사실에는 변함이 없다. 이 책을 쓴 목적은 부모가 십대의 삶을 더 잘 이해함으로써 보다 효율적인 부모가 되도록 돕는 데 있다. 비록 십대마다 보이는 특정한 행동이나 표현은 다를지라도 그들이 다양한 변화를 겪는다는 사실 자체에는 변함이 없다. 이 책의 독자 중에는 혼자서 아이를 키우는 어머니도 많을 것이다. 만약 당신에게 십대 자녀가 있는데 그들에게 아버지가 없다면, 그들의 삶에서 중요한 역할을 할 신뢰할 만한 어른들을 찾아볼 것을 권한다. 그 어른은 친한 친척이나 친구가 될 수도 있고 같은 교회에 다니는 누군가가 될 수도 있다. 십대 시절에 조언을 구할 수 있는 지혜로운 어른이 주변에 있는 것은 크나큰 행운이다.

　나는 우리 부부의 육아 경험 이외에도 지난 40년간 내 상담실을 찾아와 고민을 이야기하고 때로는 십대 자녀를 양육하면서 겪는 깊은 고통을 털어놓기도 한 수십 쌍의 부부를 통해 알게 된 것들을 나누고자 한다. 지난 수십 년 사이에 비록 십대들의 삶의 모습은 크게 변했을지라도 그들을 양육하는 일과 관련한 기본적인 의문과 바람과 고민은 변하지 않았다. 십대들은 여전히 홀로서기를 추구하며, 세상 속에서 자신의 자리를 찾고자 한다. 하지만 그들이 늘 최상의 결정을 내리는 것은 아니다. 비록 겉보기에는 그렇지 않을지라도 그들은 여전히 당신을 필요로 한다.

이 책에서는 우리 아이들이 십대가 되기 전에 알았더라면 좋았으리라고 생각되는 것들 12가지를 나누고자 한다. 이 책을 읽기에 가장 이상적인 시기는 자녀가 열한 살이나 열두 살쯤 되었을 때다. 준비가 잘 되어 있을수록 자녀가 십대가 되었을 때 일어날 변화에 긍정적으로 반응할 것이다. 자녀가 이미 십대인 경우에는 이 책을 읽을 필요가 더욱 절실할 것이다. 당신의 자녀가 십대 시절이라는 때때로 풍랑이 심한 바다를 항해할 때 이 책이 도움이 되기를 바란다.

또한 여러 해 동안 십대를 위해 사역해 온 드루 힐(Drew Hill)의 기여에 감사드린다. 그는 책 말미에 각 장의 주제와 관련이 있는 참고 자료들을 소개했다. 이 참고 자료들이 많은 도움이 되기를 바란다.

**Things I Wish I'd Known
Before My Child Became
a Teenager**

# 01

## 십대는
## 논리적으로 생각하는 능력을
## 기르는 중이다

한 어머니가 말했다. "제 십대 아들은 왜 제 말에 늘 의문을 제기할까요? 마치 그 아이의 뇌에서 무슨 일이 일어나고 있는 것 같아요. 전에는 이러지 않았거든요. 성격 자체가 완전히 달라진 것 같아요."

이 어머니는 자기도 모르는 사이에 자신의 질문에 대답하고 있었다. "마치 그 아이의 뇌에서 무슨 일이 일어나고 있는 것 같아요." 맞는 말이다. 십대의 뇌는 리모델링 중이다. 당신의 자녀가 언제까지나 어린 아이로 남아 있으리라고는 생각하지 말라. 청소년기는 변화의 시기다. 십대는 키가 자라기에 우리는 그들이 신체적으로 변화하고 있음을 안다. 또한 2차 성징이 발현되기에 우리는 그들이 성적으로 변화하고 있음을 안다. 소녀는 곧 월경을 시작할 것이고, 소년은 곧 면도를 하게 될 것이다. 그러나 정신적인 변화는 겉으로 드러나지 않기에 우리는 그들이 정신적으로 변화하고 있음을 늘 알아차리지는 못한다. 청소년기에는 신경학적으로 급격한 변화가 이루어진다. 그리고 그러한 변화 중 하나가 논리적으로 생각하는 능력이 길러진다는 것이다.

내가 논리적으로 생각하는 능력이 '길러진다'고 말했음에 주목하라. 그것은 하루아침에 이루어지지 않는다. 청소년기는 아동기와 성인기의 중간 단계다. 하루는 다시 아동기 행동으로 돌아가 당신의 말을 모두 사실로 받아들이다가도 이틀 뒤에는 당신이 하는 모든 말에 의문을 제기할 수 있다. 십대의 뇌는 환경의 지대한 영향을 받기 때문에 이 시기에는 부모의 역할이 매우 중요해진다. 이 시기는 자녀에게서 손을 뗄 때가 아니라 그들이 논리적 사고력을 기르고 그들의 뇌가 리모델링되는 과정을 함께해야 할 때다.

십대의 뇌에서 일어나는 또 다른 중요한 변화는 뇌의 감정 중추와 관련이 있다. 십대는 감정 기복이 극단적이다. 기분이 좋을 때는 아주 좋고, 처질 때는 극도로 처진다. 이는 뇌에서 감정을 관장하는 중추도 리모델링되기 때문이다. 당신의 십대 자녀는 아침에는 매우 행복해하다가도 저녁에는 깊은 슬픔에 잠길 수 있는데, 그것은 순전히 그날 그들에게 어떤 일이 있었느냐에 달렸다. 십대의 뇌가 환경으로부터 커다란 영향을 받는다는 것을 기억하라.

부모로서 당신은 이 환경의 일부다. 십대 자녀의 감정 상태와 지적인 질문에 대한 당신의 반응이 변화하는 그들의 뇌에 긍정적인 영향을 줄지 부정적인 영향을 줄지를 결정한다. 청소년기는 이 모든 변화가 일어나는 시기다. 아, 우리 아이들이 십대가 되기 전에 내가 이 모든 것을 알았더라면 얼마나 좋았을까! 이 장과 이후 이어지는 각각의 장에서는 내가 경험을 통해 배운 것과 지난 수년간 내 상담실을 찾아온 부모들로부터 얻은 통찰을 나누고자 한다.

### 관심을 기울이라

첫 번째 제안은 십대 자녀의 일에 관심을 기울이라는 것이다. 연구에 의하면 자녀의 일에 관심을 갖고 긍정적으로 반응하는 부모는 자녀에게 또래 친구들보다 더 큰 영향을 미칠 수 있다. 우리 아이들이 십대였을 때 나는 바쁜 일정 탓에 그들의 질문에 건성으로 대답하곤 했다. 아이들이 우리가 오랫동안 믿어 왔던 무언가에 대해 의문을 제기하면 내 대답은 "잘 알면서 그래" 같은 말이었다. 그다지 좋은 반응은 아니다. 나는 아이들의 지적인 사고 작용을 차단한 셈이었다. 그들이 합리적이고 논리적인 사고를 할 수 있도록 도울 기회를 놓친 것이다. 자녀의 일에 관심을 갖되, 반응은 긍정적이어야 한다.

관심을 갖고 긍정적으로 반응하는 것은 자녀의 질문을 경청하는 데서 시작한다. 부모로서 우리는 다들 바쁘지만, 자녀가 질문할 때보다 더 중요한 때도 거의 없다. 만약 지금 당장 그만둘 수 없는 무언가를 하는 중이라면 이렇게 말하라. "좋은 질문이야. 내가 이 일을 마칠 때까지 10분만 기다려 줄래? 네 질문에 온전히 집중하고 싶거든." 그러면 자녀는 당신이 질문에 관심이 있음을 알고 잠시 기다려 줄 것이다.

당신의 자녀가 묻는 첫 번째 질문이 그들의 진짜 질문이라고는 생각지 말라. 그들이 "파티에 가면 왜 안 되는데요?" 한다면, 그것은 사실 "이 문제에 대해 충분히 생각해 보셨어요? 아니면 그냥 하시는 말씀인가요?"라고 묻는 것이다. 그들은 당신이 이런 결론에 도달한 이유를 알고 싶어 한다. 당신이 제시한 이유에 만족하지 않을 수도 있지만, 어쨌든 당신이 충분히 생각해서 내린 결정인지 알고 싶어 한다. "내가 가지 말라고 했으니까" 같은 대답은 사려 깊은 대답이 아니다.

자녀가 당신이 제시한 이유에 늘 동의하리라고는 기대하지 말라. 그들이 제한된 시야로 세상을 바라보고 있음을 기억하라. 어쨌거나 당신은 부모고, 부모로서 자녀에게 권위를 행사할 위치에 있다. 당신은 자녀보다 더 나이가 많고 (바라건대) 더 현명하다. 자녀의 행동으로 인해 나중에 후회할 만한 결정을 내리는 일이 없도록 하라. 자녀의 히스테리컬한 행동을 피하려고 그들의 요구를 들어준다면, 이는 좋지 않은 선례가 될 것이다. 그런 경우 당신의 자녀는 그저 충분히 불쾌하게 굴기만 하면 자기 뜻대로 될 줄로 알 텐데, 이는 그들이 성인이 되었을 때 도움이 될 만한 행동 패턴은 아니다.

효과적인 경청이란 자녀가 질문할 때 그들에게 온전히 주의를 집중하는 것이다. TV를 끄고, 일감을 한쪽으로 밀어 놓고, 전화기를 내려놓으라. 자녀의 눈을 들여다보고 무언중에 그 순간 당신에게 가장 중요한 사람이 그들임을 전달하라. 자녀가 질문을 하면 그들의 질문을 인정하는 말을 해 주라. "좋은 질문이야. 어떻게 그런 생각을 하게 됐어?" 이렇게 함으로써 당신은 그들이 질문할 자유를 인정하는 동시에 그들이 어떻게 해서 그런 질문을 하게 되었는지 힌트를 얻을 수 있다. 이는 당신이 어떻게 대답해야 할지 아는 데 중요하다.

### 실생활 문제를 살펴보라

예를 들어 보자. 대부분의 부모가 깊이 우려하는 영역 중 하나는 십대 시절의 음주와 마약 문제다. 연구에 의하면 성인 알코올중독자 대부분이 십대 시절에 음주를 시작했다고 한다. 우리는 십대 자녀가 같은 길을 가기를 바라지 않는다. 하지만 또래 친구들이 술을 마시거나 마리화나를 피우도록 유혹할 때 자녀가 이를 뿌리치게 하려면 어떻게 해야 할까? "술을 마시거나 마리화나를 피우다가 걸리면 앞으로 3년간은 그동안 누려 왔던 모든 특권이 없어질 거야" 같은 말은 별로 효과가 없다. 그러나 당신 자신의 경험이나 연구 결과 또는 실생활에서의 경험 등을 활용하면 자녀가 마약과 술에 관한 논리적인 결론에 도달하는 데 도움이 될 것이다. 어쩌면 당신에게는 알코올중독자 친척이 있을 수도 있다. 그렇다면 이를 자녀에게 솔직하게 이야기하라.

내가 말한 '실생활에서의 경험'은 십대들이 술과 마약을 하면 어떻게 되는지를 실제로 보여 주는 것을 뜻한다. 내가 아들과 함께한 가장 잘한 일 중 하나는 한 달에 한 번 토요일에 그를 데리고 소년원에 가서 그곳에 수용된 젊은이들과 탁구를 치게 한 것이다. 우리는 탁구를 치고 나서 몇몇 젊은이와 대화를 나누곤 했는데, 그럴 때면 그들은 아들에게 자신의 이야기를 들려주곤 했다. 나는 한마디도 하지 않아도 되었다. 그들이 마약과 술을 남용한 결과가 어떠한지를 여실히 보여 주었기 때문이다. 집으로 돌아오는 길에 나는 아들에게 말하곤 했다. "정말 안타까운 일이야, 그렇지 않니? 네 또래 아이들도 몇 명 있더구나. 인생 초기에 그토록 잘못된 결정을 내렸다는 게 너무나 안타까워." 그러면 아들은 즉각 동의하면서 이렇게 덧붙이곤 했다. "사람들이 저한테 술과 마약을 권하는 일이 없으면 좋겠어요." 나는 아들에게 마약이나 술에 취해 차를 몰다가 교통사고로 사망한 십대에 관한 기사를 보여 주기도 했다. "데릭, 이것 좀 읽어 보렴. 참으로 가슴 아픈 일이긴 하지만, 이걸 읽어 보면 마약이나 술에 취해 차를 모는 젊은이들에게 어떤 일이 일어나는지 알게 될 거야."

만약 당신이 현재 마약이나 알코올중독에서 벗어나려고 애쓰는 부모라면, 자녀를 "익명의 알코올중독자들"(Alcoholics Anonymous)에 데리고 가서 다른 사람들의 이야기를 듣게 하거나 당신 자신이 겪는 고통을 보여 줄 수도 있다. 당신의 자녀는 당신의 중독적인 패턴을 반복할 필요가 없다. 사실 술 때문에 당신이 얼마나 힘들었는지를 잘 알면 알수록 그는 술과 관련하여 더 현명한 결정을 내리게 될 것이다.

한 젊은이는 이렇게 말했다. "십대 시절에 제가 술이나 마약을 하지 않기로 결심한 것은 아버지가 알코올중독자였기 때문입니다. 아버지는 제가 열두 살 때 술에 취한 채 운전을 하다가 사고를 냈고, 그로 인해 다른 차에 타고 있던 한 젊은 어머니가 사망했습니다. 그 후 아버지는 '익명의 알코올중독자들'에 등록했고, 남은 평생 술은 입에 대지도 않으셨어요. 하지만 자신이 음주 운전을 한 탓에 두 어린이가 엄마 없이 자라야 했음을 결코 잊지 못하셨습니다. 평생 발작적으로 찾아오는 우울증과 싸워야 했지요. 그건 제가 가고자 하는 길이 아니에요."

요약하자면, 당신의 십대 자녀는 거의 모든 주제에 "왜?"라고 질문할 수 있으며, 심지어 매우 논쟁적이 될 수도 있다. 그렇다고 당신도 논쟁적이 될 필요는 없다. 그들의 질문을 진지하게 받아들이고 사려 깊게 대답하라. 그렇게 할 때 자녀가 합리적이고 논리적으로 생각하는 능력을 기르도록 도울 수 있을 것이고, 자녀의 뇌에서 일어나는 신경학적인 변화에 긍정적인 방식으로 협조하게 될 것이다.

### 생각해 보자

1. 당신의 십대 시절을 돌이켜 보라. 당신이 부모님의 의견에 반대할 때 부모님은 어떻게 반응하셨는가? 부모님의 반응은 당신에게 도움이 되었는가, 아니면 부정적인 영향을 미쳤는가?

2. 당신은 십대 자녀에게 반응할 때 부모님과는 어떻게 다르게 하고 싶은가?

3. 당신은 자녀가 논리적 사고력을 기르도록 부모의 반응 패턴을 어떻게 따라 하고 싶은가?

4. 만약 당신에게 십대 자녀가 있다면, 그들이 당신의 판단에 의문을 제기할 때 당신이 반응해 온 방식을 스스로 어떻게 평가하겠는가?

5. 당신은 부모로서 권위를 행사할 때 확고하면서도 친절한 태도로 하는가, 아니면 엄격함과 분노로 하는가?

6. 당신이 자녀들에게 반응해 온 방식의 어떤 면을 바꾸고 싶은가?

7. 만약 당신의 자녀가 아직 십대가 아니라면, 이 장에서 당신은 나중에 자녀가 뇌의 리모델링 과정을 거치면서 더 논리적으로 생각하고 점점 더 많은 질문을 하기 시작할 때 도움이 될 무엇을 배웠는가?

Things I Wish I'd Known
Before My Child Became
a Teenager

## 02

## 십대는 문화로부터
## 지대한 영향을 받는다

 나는 신념과 행동에 영향을 미치는 문화의 힘에 대해 더 잘 알았어야 했다. 우리 아이들이 십대가 되기 전에 나는 문화인류학으로 학사와 석사 학위를 취득했다. 그리고 전 세계의 다양한 문화를 공부하면서 사람들이 서로 다른 신념 체계와 행동 패턴을 보이는 이유는 그들이 자란 문화가 서로 다르기 때문임을 알게 되었다. 그러나 이 같은 사실을 십대가 된 우리 아이들에게 적용하는 데는 실패했다. 아이들이 자라면서 접한 문화와 내가 자라면서 접한 문화가 서로 얼마나 다른지 진지하게 생각해 보지 못한 탓이다. 그리고 오늘날의 십대들이 접하는 문화는 우리 아들과 딸이 십대 시절에 접한 문화와도 많이 다르다.
 내가 십대 시절에 접한 문화는 매우 균질적이었다. 마을 사람 대부분

이 삶에 대한 근본적인 믿음을 공유했고, 비슷한 직업을 가졌다. 우리 마을은 직물업이 발달한 남부의 한 시골 마을로, 거의 모든 사람이 하루 24시간 돌아가는 직물 공장에서 일했다. 거의 모든 집에 텃밭이 있었고, 사람들은 여가의 대부분을 텃밭에 작물을 심고, 가꾸고, 수확하고, 저장하는 데 할애했다. 일요일에는 모두는 아니지만 마을 사람 대부분이 교회에 갔다.

나는 아침에 학교에 갔다가 오후에는 텃밭에서 일하고, 토요일에는 사촌네 뒷마당에서 농구를 했다. 일요일 아침에는 교회에 가고 일요일 오후에는 삼촌 댁에서 다른 친척들과 함께 점심 식사를 하곤 했다. 그리고 일요일 저녁에는 대개 다시 교회에 갔다. 바깥세상과의 접촉은 일주일에 두세 번 저녁 시간에 부모님과 누이와 함께 NBC 라디오를 듣는 것이 전부였다. 믿기 어렵겠지만 내가 십대였을 때는 TV가 없었다. 내가 열다섯 살 때 삼촌이 TV를 사 오셨던 것이 기억난다. 그것은 온 마을을 통틀어 단 하나뿐인 TV로, 화면이 흑백이었다. 나는 다른 도시에 사는 사람들이 대화하는 모습을 볼 수 있다는 데 매료되었다.

내가 살던 세상과 우리 아이들이 살던 세상을 비교해 보라. 그 아이들은 태어날 때부터 컬러 TV를 보아 왔다. 물론 아이들이 어렸을 때 우리는 그들이 볼 수 있는 프로그램 수에 제한을 두었고, 프로그램도 골라 주었다. 아이들이 조금 자란 후에는 네다섯 개의 프로그램 중 선택할 수 있게 해 주어 아이들에게 일정한 범위 안에서 결정할 수 있는 자유를 주었다. 아이들이 십대가 되었을 때 TV는 그들의 삶에서 새로운 현상이 아니었다. 그것은 삶의 일부였다. TV를 통해 그들은 내가 자라면서 접한 세상보다 더 넓은 세상을 접했다. 그들은 20년에 걸친 베트남 전쟁과 인권 운동에 대해 알게 되었고, 베트남 전쟁이 끝난 것을 기뻐하면서도 다른 한편으로는 그 전쟁이 무엇을 위한 전쟁이었는지 진지하게 물어 왔다. 그들이 던진 "왜?"라는 질문에는 대답하기 힘들었다. 1960년대의 성 혁명은 끝났지만, 70년대 말에 십대였던 그 아이들은 성 혁명이 남긴 결과와 더불어 살았다.

오늘날 당신의 십대 자녀들은 내 아이들이 십대 시절에 경험한 세상과는 완전히 다른 세상에 살고 있다. TV 방송은 질적으로나 양적으로 크게 팽창했다. 내 아이들이 십대였을 때는 방송사가 주요 방송국 몇 군데밖에 없었다. 오늘날에는 스트리밍 서비스를 통해 하루 종일 다양한 콘텐츠를 볼 수 있다. 내 아이들은 십대 시절에 PC를 모르고 살았지만, 당신의 십대 자녀들에게 그것은 제2의 천성이다. 그들에게는 디지털 기기 없이 사는 것은 상상도 할 수 없는 일이다. 스마트폰은 그들이 컴퓨터를 통해 접할 수 있는 대부분에 접근할 수 있게 해 줄 뿐만 아니라 문자나 트위터, 인스타그램, 틱톡 및 그 밖의 다양한 플랫폼을 통해 메시지와 사진을 보낼 수 있게 해 준다. 그들이 사는 세상은 내 아이들이 십대 시절에 접한 세상보다 훨씬 광대하다. 오늘날의 십대는 전 세계에서 일어나는 폭력과 비극에 일상적으로 노출되고, 인종차별부터 기후 변화와 이민 문제에 이르는 다양한 문제에 관한 토론, 산불과 홍수의 이미지, 좋은 사회를 만드는 방법에 대한 온갖 견해에 폭격을 당한다. 또한 요즘은 한두 세대 전보다 정신 건강 관련 문제에 대한 개방적이고 솔직한 논의가 더 잘 받아들여진다. 엔터테인먼트와 게임 그리고 그 밖의 온라인 커뮤니티들이 시드니와 서울, 시애틀의 젊은이들을 연결한다. 학교의 커뮤니티도 훨씬 다양해졌고, 교내에 총격이 있을 경우를 대비한 훈련은 학교생활의 일부가 되었다. 그렇다. 요즘 십대들의 문화는 이전 세대들의 문화와 완전히 다르며, 십대들은 그들이 접하는 문화로부터 지대한 영향을 받는다. 이것은 변하지 않는 한 가지 사실이다.

내가 십대였던 시절에는 동네 사람들이 내가 부적절한 무언가를 하는 것을 보면 부모님에게 알리곤 했으며, 나도 그들이 그러리라는 것을 알고 있었다. 그러나 오늘날에는 당신의 이웃이 당신의 자녀들을 알지도 못할 것이다. 그러니 오늘날의 부모가 어떻게 자녀들이 세상을 헤쳐 나가도록 도울 수 있을까? 아래에 몇 가지 제안이 있다.

## 테크놀로지를 활용하라

테크놀로지가 당신을 위해 일하게 하라. 오늘날만큼 많은 정보에 접근이 가능했던 때도 없었다. 당신과 자녀들은 단추를 몇 개 누르거나 "이봐, 시리!"라고 말하는 것만으로도 원하는 대부분을 알 수 있다. 그러므로 이 놀라운 정보의 바다를 활용하라. 자녀와 토론할 때 각자 인터넷에서 토론 주제에 관한 자료를 찾아보자고 제안하라. 그렇게 함으로써 당신은 자녀에게 테크놀로지를 활용하는 법을 가르치는 셈이다. 물론 인터넷에서 찾은 모든 것, 특히 소셜 미디어에 올라오는 모든 것이 다 사실은 아니라는 점을 알려 주어야 할 것이다. 인터넷에는 그릇된 정보가 넘쳐 나며, 개중에는 의도적이고 파괴적인 것도 있다. 자녀에게 비판적 사고와 진위를 구분하는 법을 가르치고 직접 그 시범을 보인다면 그들에게 큰 호의를 베푸는 일이 될 것이다.

테크놀로지의 두 번째 장점은 연결성이다. 당신과 자녀는 이제 스마트폰이 등장하기 이전에는 불가능했던 방식으로 서로 연결되어 있다. 통화를 하면서도 서로 얼굴을 볼 수 있고 심지어 특정 시간에 그들이 어디에 있는지도 알 수 있다(당신에게 이 같은 능력이 있음을 자녀가 알게 하라. 만약 당신이 이런 기능을 사용하지 못하게 그들이 방해하려 한다면 일주일 동안 스마트폰을 압수하라. 어쨌거나 전화 요금을 내는 사람은 당신이 아닌가). 자녀가 당신에게 문자 메시지를 보내 그들이 어떻게 하고 있는지 알리도록 하고, 당신도 똑같이 하라. 십대들은 종종 음성통화보다 문자를 더 선호한다(아마 당신도 그럴 것이다. 이 점을 활용하여 자녀와 문자로 '대화'하라).

십대는 TV나 컴퓨터, 게임기, 스마트폰과 같은 전자기기의 스크린에

중독되기는 아주 쉬우며, 그들의 스크린 사용에 대해 아는 것은 부모인 당신에게 달렸다. 그들은 소셜 미디어나 비디오 게임을 할 것이다. 그러나 여가를 스크린을 들여다보는 데 바친다면, 성인이 된 후에도 인간관계와 결혼생활에 해가 되는 잘못된 습관을 형성하게 될 것이다. 따라서 한계를 설정하는 것이 매우 중요하다. 여기 3가지 제안이 있다.

첫째, 세상에는 보지 말아야 할 것들이 있다. 포르노그래피는 현시대의 십대들에게 주된 문제가 되어 왔다. 포르노그래피는 인간의 성을 왜곡한다. 그것은 노골적인 성애 장면을 인간의 뇌에 각인시킨다. 여성을 비하하고 십대들을 비현실적인 세상에 살게 한다. 부모로서 당신은 포르노그래피의 위험성에 대해 자녀들과 열린 마음으로 대화를 나눠야 한다. 그들의 스마트폰과 컴퓨터에 포르노 사이트를 걸러 내는 장치를 설치했음을 알리되, 권위주의적인 태도로 하지 말고 사랑으로 하라.

둘째, 사용 시간에 한계를 설정하라. 모든 십대에게는 스크린으로부터 자유로운 시간이 필요하다. 그중 하나가 식사 시간일 것이다. 식사를 하면서 스크린을 본다면 개인적으로 상호작용할 좋은 기회를 놓치게 된다. 우리 아이들이 십대였을 때 우리는 식사 시간에 스크린을 보지 못하게 했다. 저녁 식사 시간은 대화를 위한 시간이었다. TV와 라디오를 끄고 전화도 받지 않았다. 때로는 식사가 끝난 후에도 30분가량 대화가 더 이어지곤 했다. 한번은 아들이 대학교 1학년 때 친구들을 집에 데려왔는데, 그때도 평소처럼 저녁 식사를 하면서 대화를 나눴다. 아들의 친구들은 자기들 집에서는 그러지 않는다면서 아들에게 "너희 집에서는 늘 이렇게 대화를 하니?" 하고 물었다. 이제 성인이 된 우리 아이들은 둘 다 식사 시간에 대화를 나눴던 것을 가장 행복한 기억 중 하나로 꼽는다.

　TV 시청이나 인터넷 서핑, 비디오 게임 등을 하는 시간에도 한계를 설정하라. 당신과 자녀 모두 스마트폰을 보거나 전화를 받거나 하는 일 없이 같이 산책을 해 보라. 자녀와 보드게임을 하거나 뒷마당에서 농구를 하라. 자녀가 운동에 관심을 보이면 운동을 시키고, 자녀가 음악에 관심을 보이면 레슨을 받게 하라. 인생은 스크린보다 훨씬 크고, 우리는 자녀들이 이 같은 사실을 알도록 도와야 한다.

　시간에 더해 공간에도 한계를 설정하라. 식사 시간뿐만 아니라 침실에서도 스크린을 보지 못하게 하라(예외적인 경우는 자녀가 전자기기를 이용해 숙제를 할 때에 한한다). 당신의 자녀는 처음에는 이를 거부하려 하겠지만, 나중에는 고마워할 것이다. 물론 부모로서 우리는 우리가 스크린을 보는 시간에도 한계를 설정함으로써 본을 보여야 한다.

　하루 24시간 '접속'되어 있어야 한다고 느끼는 사회에서 이 같은 아이디어는 반(反)문화적이다. 그러나 이렇게 한계를 설정하는 것은 자녀에게 전자기기로부터 자유로울 수 있는 공간을 마련해 주고, 책을 읽을 수 있는 더 많은 시간을 제공한다. 여기에 대해서는 나중에 다시 다루겠지만, 정기적으로 독서를 하는 십대는 그렇지 않은 십대에 비해 학업 성적이 더 뛰어나다. 물론 자녀가 어릴 때 이런 한계를 설정해 두고 이를 십대가 된 이후까지 계속해서 적용하는 편이 더 쉽다. 그러나 한계를 설정하기에 너무 늦은 때란 결코 없다.

테크놀로지를 이용할 때는 되도록 자주 자녀와 함께하라. TV를 함께 보는 것도 좋다. 스포츠나 다큐멘터리, 뉴스, 영화 등을 보고 나서 각자 본 것과 배운 것, 그 프로그램이 전하고자 하는 메시지, 응원하는 팀이 이겼을 때 얼마나 신이 났으며 졌을 때 얼마나 실망스러웠는지 대화를 나누라. 자녀가 문화의 영향을 받게 두는 것보다는 이런 대화를 나누는 것이 그들에게 더 큰 영향을 끼친다. 우리는 문화로부터 자녀를 빼내 올 수 없지만, 그들이 문화를 해석하도록 도울 수는 있다.

자녀가 운동을 하면 그들이 운동하는 모습을 지켜보고 그에 대해 대화를 나누라. 자녀가 교향곡을 좋아하면 함께 연주회에 가서 음악을 감상하고 그에 대해 대화를 나누라. 당신의 취미활동 중에 자녀가 하면 좋겠다고 생각되는 것이 있다면, 그것이 달리기가 되었든 들새 관찰이 되었든 사진이나 그 밖의 다른 무엇이 되었든 그 취미활동을 할 때 자녀를 데리고 가라. 그들은 당신처럼 신나 할 수도 있고 그렇지 않을 수도 있지만, 적어도 그것은 그들에게 당신이 좋아하는 무언가를 하는 모습을 볼 기회를 주고 당신과의 사이에 끈끈한 유대를 형성할 시간을 제공한다.

문화는 십대에게 지대한 영향을 미치므로 학교 선생님들이 당신의 자녀가 교육의 가치를 이해하도록 돕고, 관심 분야에 도전하도록 격려하며, 강한 학습 윤리를 발전시키는 것을 돕는 데 헌신하도록 당신이 할 수 있는 최선을 다하라. 물론 십대는 교사뿐만 아니라 또래 친구들로부터도 영향을 받는다. 당신이 친구들을 골라 줄 수는 없겠지만, 자녀가 진지한 자세로 배움에 임하는 학생들과 어울리도록 격려하라.

그렇다. 당신의 자녀는 당신이 자라면서 접한 문화와는 아주 많이 다른 세상에서 성장하는 중이다. 문화는 끊임없이 변화한다. 때로는 지난 60년간 보아 온 것처럼 빠르게, 때로는 달팽이처럼 느리게. 하지만 늘 같은 상태로 남아 있는 법은 없다. 당신의 자녀는 문화의 영향을 받을 뿐만 아니라 (바라건대) 문화의 변화에 영향을 주기도 할 것이다. 그들의 마음속에 세상을 더 나은 곳으로 만들겠다는 목표를 심어 주라. 이것을 당신의 삶을 통해 보여 주면 당신의 자녀는 그 목표를 더 잘 성취할 수 있을 것이다.

## 생각해 보자

1. 당신이 십대였을 때는 세상이 어떠했는지를 당신의 십대 자녀에게 들려주라. 매우 흥미로워할 것이다.

2. 십대 시절을 돌이켜 볼 때 후회되는 것은 무엇인가?

3. 십대 시절에 대해 자랑스럽게 생각하는 것은 무엇인가?

4. 당신이 십대였을 때 당신의 부모님은 어떤 식으로 당신에게 긍정적이거나 부정적인 영향을 미쳤는가?

5. 당신은 부모님의 본을 통해 무엇을 배우는가?




6. 13-18세 자녀에게 바라는 것들을 간략하게 써 보라. 그 내용이 마음에 든다면 그것을 자녀와 나눌 수도 있을 것이다.

Things I Wish I'd Known
Before My Child Became
a Teenager

## 03

## 십대는 사랑받는다고 느낄 필요가 있다

소년은 열세 살에 집을 나왔다. 그는 내 상담실에 앉아서 이렇게 말했다. "부모님은 저를 사랑하지 않아요. 동생은 사랑하지만 저는 아니에요." 나는 그의 부모를 알고 또 그들이 그를 사랑한다는 것도 알고 있었지만, 분명 그들 사이에는 뭔가 문제가 있었다. 상담을 하다 보면 형제 중 한 사람은 사랑받는다고 느끼는데 다른 한 사람은 그렇지 않다는 것을 알게 될 때가 더러 있다. 왜 이런 상황이 벌어지는 걸까? 많은 부모가 알지 못하는 것은 우리 각자에게 주된 사랑의 언어가 있다는 사실이다. 몇 년 전에 나는 『5가지 사랑의 언어』(The 5 Love Languages, 생명의말씀사 역간)라는 책을 썼는데, 이것은 결혼한 부부가 사랑에 도취된 감정이 사라진 후에도 사랑을 유지하도록 돕기 위한 책이다.

남편은 자신이 사랑받는다고 느끼는 언어, 즉 자신의 사랑의 언어로 아내에게 사랑을 표현한다. 그러나 그 언어가 아내의 사랑의 언어가 아닐 경우, 아내는 사랑받는다고 느끼지 못할 것이다. 이 '사랑의 언어' 개념을 나는 상담을 받으러 온 수많은 부부의 이야기를 들으면서 발견했다. 배우자가 사랑받지 못한다고 느끼면 갈등을 해결하거나 돈을 관리하는 일 같은 일상적인 일들을 계속해 나가기가 어렵다. 두 사람 다 서로의 사랑 안에서 안정감을 느낄 때 인생이 아름답다. 이 책은 전 세계 50여 개국 언어로 번역되어 수백만 부가 팔렸으며, 많은 부부가 그 책이 자신들의 결혼생활을 구했다고 말했다.

이 사랑의 언어 개념이 부모가 자녀에게 효과적으로 사랑을 전하는 데 도움이 될 수 있다. 대부분의 부모는 자녀를 사랑한다. 그러나 많은 자녀는 사랑받지 못한다고 느낀다. 부모들은 종종 한 자녀가 사랑받는다고 느끼면 다른 자녀도 사랑받는다고 느낄 거라고 여기지만, 이는 잘못된 생각이다. 내가 연구한 바에 따르면 5가지의 기본적인 사랑의 언어가 있고, 십대들에게는 각기 저마다의 주된 사랑의 언어가 있다. 부모가 자녀의 주된 사랑의 언어로 사랑을 표현하지 않으면 그 십대는 사랑받는다고 느끼지 못할 것이다. 비록 부모가 다른 사랑의 언어로 사랑을 표현할지라도 말이다. 아래에 5가지 사랑의 언어를 간략하게 소개하고자 한다.

**인정하는 말** 자녀를 말로 인정해 주는 것을 말한다. "학교에서 토론할 때 정말 잘하더구나." "창고 정리를 도와줘서 정말 고마워." "네 미소가 참 마음에 들어. 너는 웃을 때 정말 예쁘단다." "내가 늘 고맙게 생각하는 것 중 하나는 네가 항상 진실을 말한다는 거야." 인정하는 말을 해 줄 때는 자녀의 외모나 성격 특성, 그들이 이룬 일 등에 초점을 맞춰서 해 줄 수 있을 것이다.

각각의 사랑의 언어에는 다양한 변형이 있다. 예를 들어 격려의 말은 계속해서 시도할 수 있도록 용기를 불어넣어 준다. 한 십대가 악기를 배우는 중이라고 하자. 부모는 그에게 이렇게 말할 수 있다. "실력이 점점 좋아지는걸. 정말 많이 발전했어." 잘한 일을 짚어 주는 칭찬의 말도 있다. "애덤이 던진 공이 골대를 맞고 튕겨 나왔을 때 네가 그 애를 격려해 주는 것을 보았어. 애덤이 속이 많이 상했을 텐데, 누구나 속상할 때는 격려가 필요한 법이지."

자녀의 성취에 대해 칭찬할 때는 완벽한 결과물이 아니라 노력에 대해 칭찬하라. 한 소년이 내게 한 말이 기억난다. "저는 어떻게 해도 아버지를 기쁘게 해 드릴 수가 없어요. 제가 잔디를 깎으면 아버지는 관목 아래의 잔디는 그대로 있다고 불평하세요. 제가 둘을 하면 아버지는 셋을 해야 했다고 말씀하시죠. 제가 성적표에 B를 받아 오면 A를 받았어야 했다고 말씀하시고요."

나는 그 소년의 아버지를 알고 있었고, 그의 의도가 어떤 것이었는지도 알고 있었다. 그는 아들이 최선을 다하도록 동기부여를 하고자 했다. 그러나 그 소년이 들은 것은 비난이었다. 잔디를 깎은 십대가 들어야 할 말은 "잔디를 깎아 줘서 고마워. 정말 많은 도움이 되었어"다. 관목 아래의 잔디를 지적하는 것은 그다음 주에 그가 잔디를 깎기 시작할 때 해도 늦지 않다. 그는 사랑받고 있다고 느끼기에 관목 아래의 잔디도 신경 써서 깎을 것이다. B에 대해 칭찬하고 그다음 주에 "네가 어떻게 A를 B처럼 바꿔 놓을지 궁금하구나"라고 말하라. 둘을 한 것을 칭찬해 주고, 그다음 주 토요일에 때로는 어떻게 셋을 할 수 있는지 보여 주라. 거듭 말하지만, 결과물의 완벽함이 아니라 노력을 칭찬하라.

**봉사** 자녀가 원하는 것을 해 주는 것을 말한다. 그것은 좋아하는 음식이나 디저트를 만들어 주는 것일 수도 있고, 수학 숙제를 도와주는 것일 수도 있다. 코너의 아버지가 아들이 학교에서 하는 연극의 무대 세트 만드는 일을 도와주기로 했을 때 그는 코너의 주된 사랑의 언어인 '봉사'로 말하고 있었다. 봉사가 주된 사랑의 언어인 십대에게는 "행동이 말보다 중요하다."

때때로 우리는 자녀를 위해 그들이 할 수 없는 일, 이를테면 아르바이트 면접을 보러 가는 아들의 셔츠를 다려 주거나 딸의 차 타이어를 갈아 주는 등의 일을 한다. 그리고 어려운 일을 스스로 할 수 있도록 가르침으로써 '봉사'라는 이 사랑의 언어를 구사할 수도 있다. 예컨대 아들에게 셔츠 다리는 법을 가르치거나 딸에게 펑크 난 타이어를 가는 법을 가르치는 것이다. 당신이 직접 하는 편이 더 쉽겠지만, 자녀에게 하는 방법을 가르치는 것이 더 의미 있을 수 있다. 특히 그들의 사랑의 언어가 봉사일 경우에는 더더욱.

<u>선물</u> 자녀가 좋아할 만한 것을 선물하는 것을 말한다(그렇다고 그들의 요구를 다 들어주라는 뜻은 아니다). 자녀의 성장 단계에 알맞고 또 도움이 될 만한 것을 선물하라. 꼭 비싼 것일 필요는 없다. 작은 막대사탕도 좋고, 자녀가 갖고 싶어 하는 옷이나 신발도 좋다.

선물은 자녀가 당신을 위해 해 준 무언가에 대한 대가가 아니라 사랑의 표현임을 명심하라. "방 청소를 하면 네가 원하는 그 새 신발을 사줄게"라고 말한다면, 그 새 신발은 그가 제공한 서비스에 대한 대가일 뿐 선물이 아니다. 선물이 자녀의 주된 사랑의 언어라면 선물을 전달하는 방법에도 마음을 쓰라. "셔츠를 사서 네 옷장에 넣어 두었어"라고 말하지 말라. 직접 얼굴을 보고 셔츠를 건네면서 "사랑해"라고 말하라. 자녀가 야구 카드나 그 밖의 것들을 수집하면 그 사실을 기억해 두라.

어떤 부모들은 "선물이라는 이 사랑의 언어가 아이들에게 물질주의적인 태도를 길러 주는 것은 아닐까요?" 하고 묻는다. 자녀가 사 달라고 하는 것을 다 사 줄 때만 그렇다. '사랑의 언어' 개념을 아는 십대가 당신을 조종하려고 할 수도 있다는 것은 사실이다. "저를 사랑한다면 애플 워치를 사 주세요. 선물이 제 사랑의 언어라는 걸 잘 아시잖아요." 이럴 때 부모는 어떻게 반응해야 할까? 이렇게 말할 수 있을 것이다. "너를 정말 사랑하니까 지금은 사 줄 수 없어. 좀 더 크면 사 줄게. 하지만 지금은 아니야." 주된 사랑의 언어가 선물인 사람에게 "중요한 것은 마음이다." 그들이 좋아하는 사탕이나 취미, 그 밖의 관심사를 기억해 두었다가 좋아할 만한 것을 선물하면 그것은 당신의 사랑을 강력하게 전달할 것이다.

**함께하는 시간** 자녀에게 온전히 주의를 집중하는 것을 말한다. 함께하는 시간을 단순히 같은 방에 있는 것과 혼동하지 말라. 당신은 자녀와 함께 TV에서 방영하는 스포츠 경기를 시청할 수 있지만, 경기가 시작되기 전이나 끝난 후에 자녀와 경기에 대해서나 그가 생각하는 것들에 대해 대화를 나누지 않는 한 시간을 함께한다고 볼 수 없다. 반면에 자녀와 단둘이 식당에서 아침 식사나 저녁 식사를 하면서 그의 관심사에 귀를 기울인다면 그것은 함께하는 시간이 될 수 있다. 자녀의 이야기를 들으면서 전화를 받는다면 그것은 함께하는 시간이 아니다.

한 십대가 아버지에게서 사랑받는다고 느끼지 못한다고 했던 것이 기억난다. 내가 이유를 묻자 그는 "우리는 대화를 나누며 시간을 보낸 적이 없어요"라고 말했다. 내가 "웨이크포리스트팀의 경기가 있을 때마다 아버지와 함께 보러 간다고 하지 않았어?"라고 묻자 그는 이렇게 대답했다. "그렇긴 하지만 아버지는 경기에 집중하지, 제게 집중하지는 않아요. 저는 그냥 옆자리에 앉아 있는 사람일 뿐이에요. 우리는 경기장에 갈 때나 경기를 볼 때, 또는 경기가 끝나고 집으로 돌아올 때 서로 아무 말도 하지 않아요. 아까 말씀드린 것처럼 우리는 대화를 나눈 적이 없어요." 그 소년의 경우, 사랑의 언어는 함께하는 시간인 것이 분명했다. 그는 아버지의 완전한 주의 집중을 원했다. 축구 경기장에서 옆에 앉아 있는 것만으로는 사랑받는다고 느끼지 못했다.

**스킨십** 하이파이브를 하거나 등을 두드려 주거나 포옹을 하는 등의 적절하고 긍정적인 신체 접촉을 말한다. 스킨십이 주된 사랑의 언어인 십대에게 이 같은 신체 접촉은 사랑받는다고 느끼게 한다. 적절한 스킨십은 상대방을 잘 알고 있으며 그를 사랑한다는 뜻을 전달한다. 부모가 자녀를 성적으로 학대하는 사건이 빈번하게 보고되는 우리 사회에서 어떤 아버지들은 사춘기 딸을 포옹하기를 주저한다. 그러나 만약 딸의 주된 사랑의 언어가 스킨십이라면, 아버지가 딸에게 적절한 스킨십을 하지 않는다면 그녀는 사랑받지 못한다고 느낄 것이고, 그리하여 스킨십(종종 부적절한)을 해 줄 청년을 만나려고 할 것이다. 하지만 아버지가 적절하고 긍정적인 스킨십으로 애정을 표현한다면 그럴 위험이 줄어들 것이다.

내 말을 자녀의 주된 사랑의 언어만 사용하라는 뜻으로 받아들이지는 않기를 바란다. 목표는 자녀의 주된 사랑의 언어를 듬뿍 사용하되 다른 4가지 사랑의 언어도 간간이 사용하는 것이다. 우리는 자녀가 5가지 사랑의 언어 모두로 사랑을 주고받기를 원한다. 성인이 되어서 건강한 관계를 형성할 확률이 높은 아이들이 바로 이런 아이들이다. 그러나 당신이 자녀의 주된 사랑의 언어를 사용하지 않는다면, 설령 다른 사랑의 언어를 사용할지라도 그들은 사랑받지 못한다고 느낄 것이다.

그렇다면 부모가 종종 자녀의 사랑의 언어를 사용하는 데 실패하는 이유는 무엇일까? 한 가지 이유는 자녀의 주된 사랑의 언어가 무엇인지 모르기 때문이다. 이 문제는 쉽게 해결할 수 있다. 스스로에게 3가지 질문을 해 보면 된다. 첫 번째 질문은 "우리 아이는 주로 어떤 방식으로 다른 사람들과 관계를 맺는가?"다. 자녀가 다른 사람들에게 인정하는 말을 자주 한다면 그의 사랑의 언어는 인정하는 말일 가능성이 크다. 늘 사람들을 돕고자 한다면 그의 사랑의 언어는 봉사이기가 쉽다. 우리는 대개 우리가 사랑받고 싶어 하는 방식으로 다른 사람들에게 사랑을 표현한다. 두 번째 질문은 "우리 아이가 가장 자주 불평하는 것은 무엇인가?"다. 당신의 자녀가 "나는 뭘 해도 엄마를 기쁘게 할 수 없어요!"라고 말한다면 그의 사랑의 언어는 아마도 인정하는 말일 것이다. 당신이 가게에 다녀왔을 때 자녀가 "내 건 아무것도 안 사 왔어요?"라고 말한다면 그의 사랑의 언어는 선물일 것이다. 자녀의 불평은 그의 사랑의 언어가 무엇인지를 드러낸다. 세 번째 질문은 "우리 아이가 가장 자주 요청하는 것은 무엇인가?"다. 우리 딸은 십대 시절에 "아빠, 저녁 식사 후에 산책하러 갈까요?"라고 묻곤 했다. 그 애가 원하는 것은 함께하는 시간이었다. 당신이 출장을 가는데 아들이 "돌아올 때 선물 사 오는 거 잊지 마세요"라고 말한다면 그의 사랑의 언어는 선물이기가 쉽다. "등을 좀 쓸어 주실래요?"라고 말한다면 그의 사랑의 언어는 아마도 스킨십일 것이다.

이 3가지 질문에 대한 당신의 대답은 자녀의 주된 사랑의 언어를 분명히 드러내 보여 줄 것이다. 혹은 자녀에게 5lovelanguages.com에서 무료로 제공하는 사랑의 언어 검사를 받아 보게 해도 좋다. 한 어머니는 이렇게 말했다. "아들에게 사랑의 언어 검사를 받게 했는데, 그 아이의 사랑의 언어가 함께하는 시간으로 나와서 깜짝 놀랐어요. 우리는 늘 그 아이의 사랑의 언어가 인정하는 말일 거라고 생각하고 인정하는 말을 많이 해 줬거든요. 아들과 함께 산책을 하고 그에게 개인적인 관심을 주기 시작했을 때 우리 관계가 얼마나 좋아졌는지, 정말 놀라울 정도였어요."

부모가 자녀의 사랑의 언어를 사용하기 힘든 두 번째 이유는 부모가 자신의 부모에게서 그 사랑의 언어를 접해 본 적이 없기 때문이다. 한 아버지는 "우리 아들의 사랑의 언어는 스킨십이지만, 저는 아버지에게 포옹을 받아 본 적이 없어서 아들을 포옹하는 게 힘들어요. 아이 엄마가 아들을 포옹하면 아들이 얼마나 좋아하는지 모른답니다"라고 말했다. 이 아버지에게 해 주고 싶은 말은 서서히 익숙해지라는 것이다. 아들과 함께 걸을 때 어깨를 부딪치거나 뭔가 좋은 일이 있을 때 하이파이브를 하는 것부터 시작하라. 그리고 다음에는 어깨를 두드려 주라. 이렇게 가벼운 신체 접촉을 조금씩 늘려 가다 보면 나중에는 포옹도 가능할 것이다.

좋은 소식은, 성인이 된 후에도 다른 사랑의 언어를 배우는 것이 가능하다는 것이다. 어렸을 때 배우지 못한 사랑의 언어일지라도 말이다. 한 아버지는 이렇게 말했다. "우리 아버지는 제게 사랑한다는 말을 해 주신 적이 없어요. 아들이 태어나자 저는 꼭 사랑한다는 말을 해 주겠노라고 다짐했지만, 사실 그렇게 하기는 쉽지 않았어요. 하지만 결국 사랑한다고 말했고, 그렇게 할 수 있어서 정말 기쁩답니다. 아들의 사랑의 언어가 인정하는 말이라는 걸 알게 되었거든요."

부모가 자녀의 사랑의 언어를 사용하기 힘든 세 번째 이유는 자녀가 신체적, 정서적, 지적으로 큰 변화를 겪기 때문이다. 당신이 일찍부터 자녀의 사랑의 언어를 알고 사용해 왔을지라도 자녀는 십대가 되면 그 사랑의 언어를 피하려고 하는 수가 있다. 한 어머니는 이렇게 말했다. "저는 우리 딸의 사랑의 언어가 함께하는 시간이란 걸 알아요. 그 아이는 어렸을 때 저랑 같이 놀이도 하고 쇼핑도 했죠. 그런데 요즘은 그런 것들에 관심이 없네요." 나는 종종 아이들이 십대가 되면 사랑의 언어도 달라지느냐는 질문을 받는다. 그런 것 같지는 않다. 하지만 당신은 그들의 사랑의 언어의 새로운 변형을 배워야 한다. 당신이 여태까지 사랑을 표현해 온 방식이 이제는 자녀들의 눈에 유치해 보일 수 있기 때문이다. 주된 사랑의 언어가 함께하는 시간인 십대의 경우, 당신과 놀이를 하는 것보다는 하이킹을 하거나 스포츠 경기를 관람하면서 대화하는 것을 더 선호할 수 있다.

아들이 열 살일 때는 농구 시합이 끝난 후 친구들이 빙 둘러서 있는 가운데서도 엄마가 아들을 껴안을 수 있고, 아들은 사랑받는다고 느낀다. 그러나 십대가 된 후에는 엄마를 밀어낸다. 아들은 여전히 스킨십을 필요로 하지만, 그것은 친구들 앞에서가 아니라 좀 더 사적인 공간에서 이루어져야 한다.

자녀가 어릴 때는 "너는 정말 사랑스러운 아이야. 너를 아주 많이 사랑한단다"라고 말할 수 있다. 그러나 자녀가 십대가 된 후에는 사정이 달라진다. 자녀의 사랑의 언어가 인정하는 말이라면 그는 여전히 인정하는 말을 필요로 하지만, 이제 그 말은 좀 더 어른스럽게 들려야 한다. 이를테면 이렇게. "클로이가 속이 많이 상했을 텐데, 네가 시간을 내어 클로이와 이야기하는 게 참 보기 좋았어." 그러니까 부모로서 당신은 다른 사랑의 언어를 배울 필요가 없다. 자녀의 사랑의 언어의 변형을 배우기만 하면 된다.

앞에서도 말했듯이 십대의 감정은 그날 있었던 일에 많은 영향을 받는다. 주된 사랑의 언어가 스킨십인 십대는 아침에는 엄마의 포옹을 받았으면서도 저녁에는 거절할 수가 있다. 왜일까? 학교에서 그의 기분을 상하게 하는 무슨 일이 있었기 때문이다. 포옹과 관련하여 안심하고 적용할 수 있는 일반적인 규칙은 이렇다. 십대 자녀가 바로 옆에 있다면 그는 당신이 포옹해도 거부하지 않을 것이다. 하지만 방의 저쪽 끝에 있다면 아마도 거부할 것이다. 그들의 기분을 읽으려고 노력하라. 그러면 당신의 애정 표현이 왜 받아들여지거나 거부당하는지 알게 될 것이다.

부모가 불쾌감을 표현할 때 자녀의 사랑의 언어를 사용한다면 그가 받을 마음의 상처가 크리라는 것을 이해하는 것이 중요하다. 예를 들어 자녀의 사랑의 언어가 인정하는 말일 경우, 그들을 향한 부정적인 말은 비수처럼 그들의 가슴을 찌른다. 당신이 큰소리로 화를 쏟아 낼 때 그들은 거부당했다고 느낀다. 그들은 반격하거나 조용히 고통을 삼키겠지만, 어느 쪽이 되었든 고통받을 것이다.

자녀의 사랑의 언어가 스킨십인데 당신이 화가 나서 그를 밀치거나 때리면 당신은 할 수 있는 최악의 방법으로 그에게 상처를 주는 셈이다. 당신의 어떤 말이나 행동도 신체적 학대보다 더 깊은 상처를 주지 않을 것이다. 함께하는 시간이 그들의 사랑의 언어인데 당신이 일을 하거나 골프를 치거나 더 어린 자녀를 돌보는 데만 시간을 쏟는다면 그들은 소외감을 느낄 것이다. 당신이 그들을 데리고 축구 경기를 관람하러 갔는데 온통 경기에만 집중하고 그들을 우연히 옆에 앉은 낯선 사람처럼 대한다면 그들은 텅 빈 마음을 안고 돌아갈 것이다.

주된 사랑의 언어가 봉사인 자녀에게 그가 학교에서 하는 프로젝트를 도와주기로 해 놓고 나중에 시간이 없다고 말한다면 당신은 다른 무언가가 그들보다 더 중요하다고 말하는 셈이다.

어떤 부모도 완벽하지 않다. 우리 모두는 때때로 실패한다. 자녀의 사랑의 언어를 알아도 다른 오만 가지 일로 바빠서 그들의 사랑받고자 하는 욕구를 충족시키지 못한다. 심지어 자녀의 행동에 대해 앞서 언급한 것 같은 부정적인 방식으로 불쾌감을 표현하기도 한다. 좋은 부모가 되기 위해 꼭 완벽해야 할 필요는 없지만, 우리가 실패했을 때는 자녀에게 사과할 수 있어야 한다.

어떤 부모는 자녀에게 사과하면 자녀가 자신들에 대한 존경심을 잃을 것이라고 생각한다. 그러나 사실은 그 반대다. 그는 당신을 존경하게 될 것이다. 그는 당신의 말이나 행동이 적절하지 못했음을 이미 알고 있으며, 당신의 잘못된 행동에 이미 고통을 느끼고 있다. 당신이 사과하면 자녀는 당신을 용서할 것이고 두 사람의 관계는 긍정적인 방향으로 전환될 것이다.

아동기에서 성인기로 이행하는 이 시기 동안 자녀의 주된 사랑의 언어를 부모가 발견해서 사용하는 것이 얼마나 중요한지 알기 바란다.

모든 십대의 내면에는 '사랑 탱크'가 있다. 그 탱크가 가득 차 있으면, 즉 부모에게 깊이 사랑받는다고 느끼면 그 십대는 정서적으로 건강하게 자랄 것이다. 하지만 사랑 탱크가 텅 비어 있으면 그 십대는 사랑받는다고 느끼지 못하고 사랑을 찾아 나설 것이다. 그것도 주로 엉뚱한데서. 사랑 탱크를 가득 채워 주는 것보다 더 십대의 정서 건강에 중요한 것도 없다.

십대의 사랑의 언어를 이해하고 표현하는 것에 관해 보다 많은 정보가 필요하다면 『십대의 5가지 사랑의 언어』(The Five Love Languages of Teenagers, 생명의말씀사 역간)를 읽어 보라. 그리고 십대 자녀에게도 『청소년이 알아야 할 5가지 사랑의 언어』(A Teen's Guide to the 5 Love Languages, 생명의말씀사 역간)를 읽게 하라. 이 책을 읽고 나면 그들은 부모에게도 사랑의 언어가 있음을 알게 될 것이다.

재혼 가정의 부모에게는 특별히 다음과 같은 말을 해 주고 싶다. 십대 자녀와 새아버지 혹은 새어머니 사이의 감정 역학은 매우 다르다. 십대의 주된 사랑의 언어를 아는 것만으로는 충분하지 않다. 예를 들어 당신은 그 십대의 사랑의 언어가 스킨십이라는 것을 안다. 그래서 사랑을 전달하고 싶은 마음에 그들을 포옹하지만, 그들은 당신을 밀어낸다. 그래도 낙심하지 말라. 그들은 아직 당신과의 정서적 유대를 발전시키지 못한 것뿐이다. 그렇다, 그들은 스킨십을 필요로 한다. 하지만 덜 친밀한 스킨십에서부터 시작해야 한다. 서로 주먹을 부딪치거나 하이파이브를 하거나 어깨를 부딪치거나 하는 식으로 말이다. 그들이 포옹할 준비가 되기까지는 시간이 필요하다.

  재혼 가정에서는 사랑의 언어의 다양한 변형이 어느 정도의 친밀도를 필요로 하는지 아는 것이 중요하다. 25년 넘게 재혼 가정의 부모들을 도와 온 론 딜(Ron Deal)과 내가 공저한 『재혼 가정에서 함께 사랑을 쌓아 가기』(Building Love Together in Blended Families)를 읽어 볼 것을 권한다.

## 생각해 보자

1. 자녀의 주된 사랑의 언어를 아는가? 그리고 당신 자신의 사랑의 언어를 아는가?

2. 자녀의 사랑의 언어를 명확히 알기 위해 이 장에 나오는 어떤 단계들을 밟아 나갈 수 있을까?

3. 자녀에게 "내게 사랑받는다는 느낌을 0부터 10까지의 점수로 나타내면 몇 점쯤 될 것 같아?"라고 물어보라. 그들의 답이 10점 이하라면 "점수를 높이려면 어떻게 해야 할까?"라고 물어보라. 그들의 답에서 그들의 주된 사랑의 언어에 대한 또 다른 단서를 얻을 수 있을 것이다.

4. 배우자에게도 같은 질문을 하게 하라. 두 사람이 질문하면 자녀가 "무슨 일이에요? 왜 두 분 다 이런 질문을 하세요?"라고 물을 것이다. 그러면 당신은 "우리는 더 좋은 부모가 되는 법을 배우는 중이야. 우리는 너를 사랑하지만, 네가 사랑받는다고 느끼게 해 주고 싶어"라고 솔직하게 대답할 수 있을 것이다.

5. 자녀에게 온라인상에서 무료로 제공되는 십대를 위한 사랑의 언어 검사를 받게 할 의향이 있는가? 그리고 당신 부부도 부부를 위한 사랑의 언어 검사를 받을 생각이 있는가? 둘 모두 5lovelanguages.com에서 찾아볼 수 있다.

6. 자녀에게 사과해야 할 일이 있는가? 만약 그렇다면 오늘 사과하는 것은 어떤가?

Things I Wish I'd Known
Before My Child Became
a Teenager

# 04

십대는
점차 독립적인 성향을
띠게 된다

 십대가 열여덟 살 무렵까지는 어느 정도 독립성을 획득할 필요가 있다. 열여덟 살 무렵에는 대개 고등학교를 졸업하고 대학에 진학하거나 군대에 가거나 취직을 한다. 부모로서 우리는 자녀가 서른 살이 되어도 취직을 하거나 공부를 계속하지 않고 아무런 야망도 없이 집에 얹혀살기를 바라지 않는다. 우리는 자녀가 성인이 되면 스스로를 부양하고, 현명한 결정을 내리며, 사회에 긍정적인 영향을 미칠 수 있기를 바란다. 자녀가 '받는 사람'이 아니라 '주는 사람'이 되기를 바란다. 자녀가 부모나 다른 사람들에게 기대어 사는 사람이 아니라 세상을 풍요롭게 하는 사람이 되기를 바란다.
 자녀가 책임감 있는 성인으로 성장하는 과정은 십대 시절부터 시작된다. 십대의 내면 깊숙한 곳에는 독립에 대한 욕구가 자리하고 있다. 십대의 뇌 속에서 '이제껏 부모님이 모든 걸 다 해 주셨어. 모든 결정도 다 부모님이 하셨지. 이제는 스스로 결정할 때가 되었어. 나는 스스로를 돌볼 수 있어. 나는 더 이상 어린애가 아니야' 하는 생각을 촉발하는 무언가가 일어난다. 부모로서 내 역할이 이 같은 독립성을 북돋우는 데 있지, 억누르는 데 있지 않다는 것을 좀 더 일찍 알았더라면 얼마나 좋았을까! 독립에 대한 이런 자연스러운 욕구를 억제하거나 무시하기보다는 잘 발전시킬 수 있도록 도와주는 편이 더 낫다는 것을 좀 더 일찍 알았더라면! 독립에 대한 욕구는 나쁜 것이 아니라 좋은 것임을, 부모로서 내가 그들이 독립성을 기르도록 협조하고 인도해야 함을 좀 더 일찍 알았더라면! 당신의 자녀는 스스로를 발견하며 자신의 정체성을 형성해 가는 중이다. 이 과정에서 그들이 잘 헤쳐 나가도록 당신이 그들을 도울 수 있다.

## 자기만의 공간

독립에 대한 욕구는 삶의 다양한 측면에서 나타난다. 가장 먼저 나타나는 것 중 하나가 자기만의 공간을 갖고 싶다는 바람이다. 어쩌면 그들은 이제까지 동생과 한 방을 써 왔을 테고, 이제 자기만의 방을 요구

할 것이다. 심지어 다락이나 지하실로 옮겨도 되느냐고 물어볼 것이다. 당신이 그런 개인 공간을 내어 준다면 그들은 자기 방을 당신은 상상도 할 수 없는 방식으로 꾸밀 것이다. 이는 그들이 성장하고 있음을 당신과 그들 자신에게 확신시키는 그들만의 방식이다. 그들은 독특한 개성을 지니고 있으며, 좋고 싫은 것이 분명하다. 그들은 가족의 일부이면서도 가족과는 별개다.

사회적인 환경에서 독립에 대한 이 같은 욕구는 그들을 가족보다는 친구들과 함께 있고 싶어 하게 만든다. 스포츠 경기장에서든 극장이나 교회에서든 그들은 가족의 일부가 아니라 한 개인으로 보이기를 바란다. 새 옷이 필요하거나 사고 싶을 때 그들은 당신 없이 혼자 옷을 사는 편을 더 선호할 것이다. 그러나 만약 당신이 부모로서 자녀에게 사줄 옷에 대한 최종 결정권을 갖기를 원한다면, 그들은 친구들이 없는 데서 쇼핑을 하자고 할 것이다(혹은 온라인으로 구매하자고 할 것이다). 그들은 당신과 함께 있는 모습을 친구들에게 들키고 싶어 하지 않는다. 그런 모습이 십대답지 않고 어린애 같다고 생각하기 때문이다.

그들은 확대 가족과 관련해서도 독립적인 성향을 보일 것이다. 당신이 십대인 아들에게 다음 주에 있을 할머니 생신에 대해 언급하면서 "다음 주 토요일에 할머니 생신 파티에 갈 거야"라고 말한다면 아들은 "저는 가고 싶지 않아요"라고 대답할 수 있다. 당신은 부모로서 충격을 받는다. 아이들이 어렸을 때부터 할머니 생신 파티에 갔기 때문이다.

이럴 때 화를 내며 "가야 해. 할머니 생신인데 당연히 가서 축하해 드려야지"라고 말하기에 앞서 아들에게 왜 안 가고 싶은지 물어보는 것은 어떤가? 그렇게 함으로써 당신은 아들을 점차 독립적인 성향을 띠어 가는 십대로서 대우하게 되는 것이다. 아들이 "거긴 너무 지루해요. 그냥 둘러앉아서 이야기하는 게 전부잖아요. 토요일에 친구들과 함께 재미있게 지내고 싶어요"라고 말한다면 당신은 이렇게 대답할 수 있을 것이다. "이해해. 나도 네 나이였다면 그렇게 느꼈을 거야. 하지만 할머니 생신은 가족이 먼저 생각해야 할 집안 행사 중 하나야." 당신은 아들이 느끼는 감정의 정당성을 인정해 주었고, 그가 할머니에게 불성실하다고 비난하지 않았다. 당신은 부모고 최종 결정권이 있는 사람이지만, 아들의 독립에 대한 욕구를 인정해 주는 방식으로 그 결정권을 행사할 수 있다.

당신과 차별화되고자 하는 십대의 이 모든 바람은 부모로서 소화하기 힘들 수 있다. 어떤 부모는 자녀의 이 같은 행동을 부모가 해 준 것들에 대한 감사의 결여로 볼 것이다. "우리는 가족인데 왜 우리와 거리를 두려는 걸까요?" 이것은 많은 부모가 묻는 질문이다. 답은 간단하다. 바로 그들이 점차 독립성을 띠어 가기 때문이다.

십대는 또한 정서적으로도 자기만의 공간을 원한다. 그들은 어렸을 때처럼 말을 많이 하지 않을 것이다. 자기 생각과 감정을 좀처럼 이야기하지 않고 혼자서만 간직하려 할 것이다. 당신이 "무슨 일 있어?" 하고 물으면 그들은 "아무것도 아니에요" 하고 대답할 것이다. 어렸을 때는 자유롭게 감정을 나눴지만 십대가 된 이후에는 "수학에서 낙제점을 받을까 봐 두려워요"라든가 "친구들이 같이 놀지 않으려고 해서 속상해요" 같은 말을 하기를 주저할 것이다. 십대는 강해 보이고 싶어 하고 혼자서도 잘해 나가고 있는 것처럼 보이고 싶어 한다. 청소년은 종종 자신의 감정을 나누기를 주저한다. 그렇게 하는 것이 연약함의 표시라고 생각하기 때문이다. 그들은 당신이 애정을 표현하려 할 때 뒤로 물러설 것이다. 이는 십대의 내면에서 어떤 일이 일어나고 있는지 알지 못하는 부모로서는 고통스러운 일이다.

십대에게 감정은 롤러코스터와도 같아서 하루에도 몇 번씩 오르락내리락한다. 한순간은 기분이 좋았다가 한 시간 뒤에는 침울해지기도 한다. 그들은 종종 자신들의 기분을 부모가 알기를 원치 않는다. 그런 기분이 들게 한 상황에 부모가 개입해 무언가를 하려고 하는 것을 바라지 않기 때문이다. 한 십대는 이렇게 말했다. "제가 글 쓰는 것을 아빠가 도와주셨다고 말씀드린 까닭에 선생님이 제 작문 숙제에 D를 주셨다는 것을 부모님께는 말씀드리지 않았어요. 부모님이 선생님을 찾아가려 하실 테고, 그러면 문제가 더 커질 테니까요."

십대가 독립적인 성향을 띠는 것은 종종 정서적으로 거리를 두는 것과도 관련이 있다. 이 같은 사실을 알면 부모는 이를 거부로 받아들이지 않을 것이다.

십대가 자신의 독립적인 성향을 표현하는 방법은 다양하다. 그들은 당신이 좋아하는 것과는 다른 스타일의 음악을 선호할 것이다. 그들은 유행하는 음악 스타일에 영향을 받은 음악을 좋아할 것이다. 십대가 좋아하는 음악을 비난하는 것은 그 십대를 비난하는 것과도 같다. 그것은 그들이 선택한 음악이고, 당신은 그들의 선택을 비난하고 있으므로. 그러기보다는 차라리 노랫말을 읽어 보고 마음에 드는 구절을 찾아서 긍정적인 코멘트를 해 주는 편이 훨씬 나을 것이다. 노랫말을 읽어 보라고 한 이유는, 가수가 노래하는 것을 들으면 가사를 제대로 알아듣지 못할 수 있기 때문이다.

이것은 내가 제대로 했다고 느끼는 분야 중 하나다. 아들이 버디 홀리(Buddy Holly)와 브루스 스프링스틴(Bruce Springsteen)에 푹 빠져 있던 때가 기억난다(독자들 중에는 너무 어려서 50년대 로커인 버디 홀리를 모르는 사람도 있으리라). 나는 노랫말을 읽으면서 마음에 드는 구절을 찾아보고 이를 아들에게 말해 주었다. 한번은 아들에게 "데릭, 텍사스주 포트워스에서 강연을 하기로 되어 있는데, 같이 가지 않을래? 강연이 끝나면 러벅으로 가서 버디 홀리의 고향을 둘러볼 수 있을 거야"라고 말했다. 데릭이 대답했다. "오오오오오! 꼭 가고 싶어요!"(당시 나는 포트워스에서 러벅까지 얼마나 먼지 알지 못했다. 정말이지 멀었다)

우리는 상공회의소에서 마련한 지침에 따라 다양한 장소를 둘러보며 하루를 보냈다. 버디 홀리의 생가와 그가 다녔던 학교, 그의 결혼식과

장례식이 치러진 교회, 그의 첫 번째 음반을 틀어 준 라디오 방송국, 그가 노래를 불렀던 클럽, 그가 잠들어 있는 묘지 등을. 러벅에서 포트워스로 돌아오는 차 안에서 우리는 그날 보고 들은 모든 것에 대해 이야기를 나눴고, 만약 버디 홀리가 비행기 추락 사고로 사망하지 않았더라면 어땠을까 상상해 보았다. 솔직히 나는 버디 홀리에게 별 관심이 없었지만(그는 이미 고인이 된 사람이다) 아들에게는 관심이 있었고, 내가 그의 음악 취향을 존중한다는 것을 아들이 알아주기를 바랐다.

나중에 우리는 뉴저지에 있는 브루스 스프링스틴의 고향에도 다녀왔다. 그 후 아들은 대학에 입학했고, 거기서 음악 감상 수업을 들으며 교향곡에 심취했다. 내가 오보에가 무엇인지 알게 된 것도 그때다. 내가 말하고 싶은 것은, 자녀의 선택을 존중하고 거기서 좋은 것들을 찾아볼 때 우리는 그들의 독립적인 성향과 현명한 결정을 내릴 수 있는 능력을 인정하는 것이라는 점이다.

당신은 또한 자녀가 특이한 어휘를 사용하는 것을 발견할 것이다. 그들은 당신이 전에 들어본 적이 없는 단어를 사용할 것이다. 다시 말하지만, 그것은 십대가 자신의 독립적인 성향을 표현하도록 돕는 문화의 방식이다. 성인에게는 별다른 의미가 없지만 그들에게는 의미 있는 말들이 있다. 십대는 당신으로서는 상상하기 힘든 옷을 입고 싶어 할 것이다. 그리고 그들의 헤어스타일과 머리 색은 다양한 문신, 피어싱 등과 함께 종종 당신을 충격에 빠뜨릴 것이다. 우리 아들은 대학에서 첫

학기를 마치고 집에 돌아왔을 때 머리카락이 오렌지색이었고, 그 몇 달 뒤에는 삭발을 했다. 그렇다. 그 아이는 나와 아주 많이 달라 보였다. 하지만 그는 독립적인 성향을 표현해 나가는 과정에 있었고, 나는 그 과정을 있는 그대로 받아들였다.

자녀가 십대가 되면 자연스럽게 독립적인 성향을 띠게 됨을 알지 못하는 부모는 이런 것들을 언짢게 느낄 수 있다. 그들은 자녀를 비난하거나 최소한 의아해할 것이다. 하지만 그렇게 하면 자녀와의 사이에 정서적 장벽을 쌓는 셈이다. 십대의 독립적인 성향을 인정할 때 우리는 그들이 어른이 될 준비를 하도록 돕는 것이다.

## 독립적인 성향과 책임 의식

독립적인 성향을 키울 때는 책임 의식도 함께 키워야 한다. 자녀가 성인이 되어 집을 떠날 때 그는 자유롭게 모든 것을 결정할 것이다. 하지만 모든 결정에는 결과(긍정적인 것이든 부정적인 것이든)가 따른다는 사실을 배워야 한다. 자신의 결정에 책임을 지고 그 결과를 수용하는 법을 배우지 못하면 훗날 결혼생활 중에도 어려움을 겪을 것이다. 누가 독립적으로 행동하면서 책임은 지지 않으려는 무책임한 배우자와 함께 살고 싶어 하겠는가?

책임 있는 태도는 독립적인 성향과 함께 십대 시절에 배워야 할 덕목이다. 책임감을 가르칠 기회는 많다. 예컨대 자녀가 다락이나 지하실 또는 여분의 침실을 개인 공간으로 쓰게 되었을 때, 그곳에 들여놓은 모든 장식품의 먼지를 털고 일주일에 한 번은 바닥을 쓸거나 진공청소기를 돌리게 하라. 그리고 청소를 하지 않을 경우, 적절한 결과를 경험하게 하라.

자녀가 운전할 수 있는 나이가 되면 책임감을 시험할 또 다른 기회가 생긴다. 십대에게 운전은 통과의례다. 대부분의 십대는 차를 몰 수 있는 날이 다가오기를 손꼽아 기다린다. 나는 오래전부터 부모들에게 차를 운전하는 특권에는 정기적으로 주유를 하고 필요한 경우 세차를 해야 할 책임도 뒤따른다는 사실을 자녀에게 주지시키도록 촉구해 왔다. 대부분의 십대는 자유롭게 차를 운전할 수 있다면 기꺼이 그렇게 하겠다고 할 것이다. 만약 이를 어길 경우, 이틀간 차를 운전하지 못하게 하라. 두 번째 위반 시에는 나흘간 차를 운전하지 못하게 하고, 세 번째 위반 시에는 일주일 동안 차를 운전하지 못하게 하라. 장담하건대 그들이 차를 운전하는 특권을 누리지 못하는 경우는 한두 번에 그칠 것이다. 그리고 독립성을 발휘하는 데는 책임이 뒤따른다는 사실을 배울 것이다.

차를 운전할 자유에는 또한 교통 법규를 지켜야 할 의무가 따른다. 법규를 어겼을 경우, 경찰에게 스티커를 발부받아서든 아니면 부모의 눈에 띄어서든 또다시 상당 기간 운전을 하지 못하게 해야 한다.

십대에게 휴대폰을 사 주었다면 그들은 그것을 책임 있게 사용해야 한다. 그리고 부모는 언제든 그들의 휴대폰을 들여다볼 수 있어야 한다. 그들이 다른 사람들을 괴롭히거나, 부적절한 사진이나 문자를 보내거나, 포르노그래피를 보거나 그 밖에 그들의 성장에 해로운 무언가를 하는 데 휴대폰을 사용한다면 일정 기간 휴대폰을 사용하지 못하게 하라. 거듭 말하지만, 독립성과 책임감은 함께 간다.

반려동물 돌보기는 십대가 책임감을 배울 수 있는 또 다른 기회다. 우리 손자는 열세 살 때 개를 키우게 해 달라고 부모를 졸랐다. 그 애의 어머니인 우리 딸은 개를 좋아하지 않았기 때문에 아들의 청을 거절했다. 그러나 적당한 시간이 지난 후 그녀는 조건부로 개를 키우게 해 주기로 했다. 그녀는 아들에게 말했다. "네가 개를 먹이고 씻기고 해야 해!" 손자는 그러겠다고 했다. 그리하여 코나가 그들의 집에서 함께 살게 되었고, 손자는 개를 키울 자유에는 개를 돌볼 책임이 따른다는 것을 배웠다. 코나는 나이가 많은 개로, 이미 훈련이 잘돼 있어서 손자는 코나를 훈련시킬 책임까지는 없었다. 몇 년 뒤 코나가 죽었을 때 내가 또 다른 개가 있었으면 좋겠는지 묻자 손자는 "아니요, 할아버지, 이제 됐어요"라고 대답했다. 손자가 성인이 되면 다시 개를 키울지 궁금하다.

모든 가족 구성원은 자기 나이에 적합한 책임을 맡아야 한다. 가정에는 단지 일상적인 삶의 흐름을 유지하는 데만도 많은 것이 동원된다. 요리를 해야 하고, 설거지를 해야 하고, 청소를 해야 하고, 거울의 얼룩을 닦아야 하고, 화장실 청소를 해야 하고, 개를 산책시켜야 한다. 자녀들이 자라면서 집안일을 거들어 왔다면 그들은 십대 시절에 더 많은 일을 가르치려는 당신의 노력을 더 잘 받아들일 것이다.

우리는 집안일과 그 일을 하는 데 필요한 기술을 가르칠 필요가 있다. 부모와 자녀가 함께 머리를 맞대고 자녀가 열여덟 살이 될 때까지 할 수 있게 되기를 바라는 일들을 모두 적어 보라. 여기에는 위에서 언급한 집안일들이 포함될 것이다. 또한 잔디 깎는 기계를 사용하는 법과 진공청소기의 먼지 주머니를 교체하는 법, 세탁기와 건조기를 사용하는 법, 장을 보는 법, 음식을 만드는 법 등도 포함될 것이다. 부모로서 당신은 자녀가 무엇을 배우고 싶어 하는지 알고 놀랄 수도 있다. 가족이 보트 타기나 스키, 낚시, 사냥, 또는 그 밖의 여가 활동을 즐긴다면 자녀는 이런 활동과 관련된 모든 기술과 안전 수칙을 배워야 한다. 자녀가 열여덟 살이 되기까지는 알았으면 하는 기술에 대한 분명한 비전이 있다면, 그리고 당신이 꾸준히 기술을 가르치고 책임을 다하게 한다면 그들은 책임감 있는 성인이 될 것이다.

신중한 돈 관리는 모든 성인에게 꼭 필요한 것으로, 어려서부터 시작해야 한다. 그러나 십대에게 돈이 없다면 그들은 돈을 관리할 수 없을 것이다. 이 딜레마를 해결하기 위한 2가지 선택지가 있다. 하나는 십대가 아르바이트를 하는 것이다. 이것은 그들이 스포츠 활동이나 다른 과외 활동을 하지 않을 때는 가능하다. 그렇지만 만약 과외 활동으로 인해 시간이 부족하다면 부모가 매주 혹은 매달 용돈을 주고 그 돈의 사용처를 정해 주는 방법도 있다. 자녀에게 입출금 통장을 만들어 주어 잔액 한도 안에서 지출하는 법을 배우게 하라. 그리고 용돈의 일부를 저축하고 일부를 기부하도록 격려하라. 저축과 기부는 둘 다 십대의 삶을 풍요롭게 할 것이다. 책임 있는 돈 관리는 성인이 되었을 때 꼭 필요한 기술이다.

우리 시대의 비극 중 하나는 많은 십대가 가정에서 아무런 책임도 맡지 않고 자라는 것이다. 모든 집안일을 부모가 다 한다. 부모는 자녀에게 학용품이나 그 밖의 필요한 모든 것을 제공하지만 집안일을 가르치지는 않는다. 이렇게 자란 십대는 큰 핸디캡을 안고 성인기에 들어서게 된다.

십대 자녀에게 취업을 위한 어떤 일반적인 기술이 필요한지에 대해서도 생각해 보아야 한다. 분야를 막론하고 어떤 기술들은 테크놀로지와 취업 훈련과 관련이 있을 것이다. 거기에 더해 모든 십대에게는 정서 지능과 효과적인 소통 능력 같은 '소프트'하지만 본질적인 기술이 필요하다. 이런 것들은 그들이 성인기로 옮겨 가는 데 매우 중요하다.

최근에 나는 프로 축구선수들과 함께 식사를 했다. 대화는 그들이 더 이상 축구를 할 수 없게 되었을 때 무엇을 할 것인지에 대한 이야기로 흘러갔다. 한 선수가 말했다. "문제는 우리가 축구 이외의 다른 아무것도 할 줄 모른다는 겁니다. 우리는 어렸을 때부터 축구를 해 왔고, 축구는 우리가 아는 전부지요." 다른 선수들이 맞장구를 쳤다. 그때 또 다른 선수가 말했다. "저는 아들에게 잔디 깎는 기계를 사용하는 법을 가르치고 있어요." 또 다른 선수가 말했다. "음, 제 아들의 친구 중에는 아버지가 차고 한편에 공구를 들여놓고 수납장을 만드는 친구가 있어요. 그래서 제 아들과 그 친구는 가구 만드는 법을 배우고 있지요." 나는 이 선수들이 자녀들로 하여금 자신은 배우지 못한 기술을 배우게 하는 데 마음을 쓰는 것을 보고 깊은 인상을 받았다. 당신은 자녀가 열여덟 살이 되기 전에 어떤 기술들을 배우기를 바라는가?

부모로서 우리는 자녀의 독립적인 성향을 장려하고 격려해야 하지만, 독립성을 발휘하는 데는 책임이 따른다는 것 또한 가르쳐야 한다. 거듭 말하지만, 책임 의식이 따르지 않은 독립성은 무책임한 성인을 낳는다.

## 생각해 보자

1. 당신의 자녀는 어떤 독립적인 성향을 보이는가?

2. 당신의 십대 시절을 돌이켜 보라. 그때 당신은 독립성을 확보하기 위해 어떤 노력을 기울였는가?

3. 당신은 독립에 대한 욕구를 표현하려는 자녀의 노력을 인정해 주었는가 아니면 비난했는가?

4. 당신은 십대 시절에 가정에서 어떤 책임을 맡았는가? 열여덟 살이 될 무렵까지 어떤 기술을 익혔는가?

5. 당신은 자녀에게 어떤 책임을 맡겼는가? 그 외에 또 어떤 책임을 맡기려 하는가?

6. 자녀와 함께 그가 열여덟 살이 될 때까지 할 수 있기를 바라는 것의 목록을 만들라. 그런 다음 그중 어떤 것을 지금 배울 수 있을지 자녀와 이야기해 보라.

Things I Wish I'd Known
Before My Child Became
a Teenager

## 05

# 십대는
# 사회적 관계 형성의 기술을
# 배울 필요가 있다

인생에서 성공은 우리가 사람들과 어떻게 관계하느냐에 많은 영향을 받는다. 십대가 가정에서 사회적 관계 형성의 기술을 배우지 않으면 어디서 배우겠는가? 사실 많은 성인이 건강한 방식으로 사람들과 교류하는 법을 배운 적이 없어서 직장을 잃고, 결혼생활을 망치고, 정신 건강을 해친다. 나는 부모의 중요한 역할 중 하나가 자녀에게 사회적 관계 형성의 기술을 가르치는 것이라고 믿는다. 그리고 이것이 자녀가 어릴 때부터 시작되기를 바란다. 십대 시절에는 유년 시절에 시작된 기초 위에 몇 가지를 더 쌓아 가는 것뿐이다. 그러나 시작하기에 너무 늦은 나이란 결코 없다. 십대가 사회적 관계 형성의 기술을 키워 나가도록 돕는 것이 좋은 교육을 받게 해 주는 것보다 더 중요하다는 사실을 내가 좀 더 일찍 알았더라면 얼마나 좋았을까.

이 장에서는 모든 십대가 알아야 할 4가지 사회적 관계 형성의 기술을 나누고자 한다. 특히 십대가 이 기술들을 익히도록 도울 수 있는 실제적인 방법에 초점을 맞추려고 한다. 이 기술들이 십대의 성격의 일부가 될 때 그의 관계는 향상될 것이다.

### 감사를 표현하기

감사는 유전되지 않는다. 한 십대가 감사를 표현한다면 그는 그것을 누군가에게서 배운 것이고, 그 누군가는 아마도 부모이기가 쉽다. 감사는 삶에 대해 생각하는 방식이다. 감사는 가진 것에 초점을 맞추지, 못 가진 것에 초점을 맞추지 않는다. 어떤 십대는 자신이 갖지 못한 것에 대해 불평을 늘어놓는다. "우리 반에서 나만 빼고 모두가 다 가지고 있는걸요." 감사하는 마음을 지닌 십대에게도 욕구는 있지만, 그들은 이미 가지고 있는 것을 감사히 여긴다. 어떻게 하면 십대가 불만을 감사로 바꾸도록 가르칠 수 있을까?

그것은 모두 부모의 태도에서 시작한다. 당신은 감사하는 마음을 지닌 부모인가, 불만이 많은 부모인가? 당신의 자녀가 이 질문에 어떻게 대답하리라고 생각하는가? 자녀에게 "감사하는 마음을 지닌 부모로서 내게 점수를 준다면 10점 만점에 몇 점을 주겠니?" 하고 물어보라. 한 십대는 "글쎄요. 엄마, 엄마는 감사하는 마음을 지니고 있기는 하지만 불평이 많아요. 4점 드릴게요" 하고 대답했다. 그의 어머니는 충격을 받았지만, 그 덕에 아들이 그녀를 어떻게 생각하는지 알게 되었다. 우리는 자신이 배우지 못한 무언가를 자녀에게 가르칠 수 없다.

인간에게 놀라운 점 하나는 태도를 바꿀 수 있다는 것이다. 일단 삶에 대해 생각하는 방식을 바꾸면, 그 생각은 우리의 말과 행동을 통해 나타날 것이다. 따라서 이것을 '가족 프로젝트'로 삼을 수도 있을 것이다. 가족회의를 열고 이렇게 말해 보라. "최근에 내가 얼마나 불평불만이 많았는지 생각해 보았어. 그런 내가 마음에 안 들더구나. 이제부터는 불만을 감사로 바꾸기 위해 진지하게 노력해 볼 생각이야. 불평하는 대신 감사할 수 있는 무언가를 찾아보려고. 앞으로 3주 동안 내가 불평하는 소리가 들리거든 언제라도 지적해 줬으면 해. 그러면 불평을 멈추고 감사한 것 2가지를 나누도록 할게. 모두 도와줄 거지?" 대부분의 십대와 그보다 어린 자녀들은 이 프로젝트에 찬성할 것이다. 부모가 둘 다 자녀들의 도움에 열린 마음으로 임하면 좋을 것이다. 습관과 태도는 3주 안에 바뀔 수 있다.

3주가 끝나 갈 무렵, 다시 가족회의를 열고 부모가 자녀의 도움에 감사를 표현하는 것은 어떤가? 그런 다음 또 다른 3주간의 프로젝트를 시작하는 것이다. 새로운 프로젝트의 내용은 이렇다. 먼저 가족들이 각자 종이의 제일 윗부분에 다른 가족 구성원의 이름을 적는다. 그리고 매주 각각의 가족 구성원에게 고마운 점 3가지를 쓴다. 일주일에 한 번씩 모임을 갖고 한 사람씩 돌아가며 다른 가족 구성원에 대한 생각을 소리 내어 읽는다. 당신은 자녀들이 서로와 부모에 대해 쓴 것을 보고 깜짝 놀랄 것이다. 그리고 크게 고무될 것이다.

감사하는 태도를 익히기 위한 또 다른 프로젝트로, 우리가 고맙게 여기는 사물들에 초점을 맞추는 것을 생각해 볼 수 있다. 예를 들어 가족들이 각자 서로 다른 방에 들어가서 방 안에 있는 물건 중 고마운 것 5가지를 꼽아 보는 것이다. 그리고 다른 주에는 가족들이 모두 밖에 나가서 자연에 대해 감사한 것 5가지 혹은 하나님께 감사한 것 5가지를 꼽아 보는 것이다. 또 다른 아이디어로는 '알파벳으로 하는 감사' 놀이가 있다. 놀이 방법은 가족들이 돌아가며 각각의 알파벳으로 시작하는 고마운 것들을 말하는 것이다.

일주일에 한 번씩 저녁 식사 시간에 가족들이 각자 자신의 왼쪽이나 오른쪽에 앉은 사람에게 감사한 것을 한 가지씩 나누는 방법도 있다. 선물을 보내 주신 할머니 할아버지나 과거에 그들의 삶에 영향을 끼친 선생님에게 감사 카드를 쓰는 것도 고마운 사람이나 사물을 생각하는 데 도움이 된다. 가정 안에서 이루어지는 이런 종류의 체험들은 십대의 내면에 감사하는 태도를 길러 줄 것이다. 감사하는 태도가 몸에 밴 십대는 인생을 살아가면서 다른 사람들과 건강한 관계를 발전시키는 데 큰 유익을 얻는다.

한 대학 신입생은 이렇게 말했다. "제가 부모님께 감사한 것 한 가지는 저를 감사할 줄 아는 사람으로 키우셨다는 겁니다. 같이 수업을 듣는 학생 중 너무나 많은 사람이 매사에 불평투성이지요. 그들과는 같이 있기 싫습니다. 그들은 너무 부정적이에요. 저는 저희 아버지가 늘 말씀하시는 것처럼 '컵에 물이 반쯤 빈 게 아니라 반쯤 차 있다'고 생각해요. 저는 대학에 다닐 기회가 주어진 것을 매우 감사하게 생각합니다. 이 4년간을 최대한 활용하고 싶어요. 매일 아침 눈을 뜨면 제가 살아 있고 또 이런 기회를 얻은 것에 대해 하나님께 감사드립니다." 자녀의 입에서 이런 말이 나온다면 어느 부모가 좋아하지 않겠는가?

## 질문하기

질문은 모든 십대에게 필요한 사회적 관계 형성의 기술이다. 자녀들은 어릴 때는 늘 질문을 하지만 십대가 되면 종종 침묵을 지킨다. 그들은 1장에서 논한 것처럼 부모의 아이디어나 결정에 대해서는 의문을 제기하면서도 또래 친구들이나 다른 성인들에게는 질문을 거의 하지 않는다. 내 생각에 이는 유능해 보이고 싶은 마음에서 비롯된 듯하다. 부모들은 종종 "십대가 되더니 자기가 모든 걸 다 안다고 생각해요"라고 말한다. 나는 샌안토니오의 시장통에서 다음과 같은 글귀가 새겨진 장식판을 발견했다. "십대들이여! 부모의 잔소리가 지겨운가? 지금 행동하라. 밖으로 나가 직장을 얻고 모든 비용을 스스로 해결하라. … 그대가 아직 모든 것을 아는 동안."

십대는 존중받고 싶어 하고, 인정받고 싶어 하고, 받아들여지고 싶어 한다. 그리고 그러기 위해서는 유능해 보여야 한다고 생각한다. 그들은 어리석어 보이고 싶어 하지 않고, 그래서 아는 체를 한다. 하지만 그들의 내면에는 당신이 십대였을 때 겪은 것과 같은 불안이 도사리고 있다. 그들은 이 불안을 벌충하고자 한다. 부모가 이 같은 사실을 알면 십대의 '모든 것을 아는 듯한 태도'에 조금은 덜 비판적이 될 것이다.

나는 여기서 지식을 얻기 위한 질문에 대해 말하는 것이 아니다. 진심으로 상대를 알고 싶은 마음에서 하는 질문에 대해 말하는 것이다. 이런 질문은 모든 개인이 귀하다는 믿음, 그들의 인생 여정에 대해 질문하면 일상적인 삶의 흐름에서는 발견할 수 없는 '삶의 교훈들'을 배울 수 있으리라는 믿음에서 나온다.

부모가 의도적으로 가르치고 본을 보이지 않는 한 십대는 질문하는 기술을 배우지 못할 것이다. 자녀들은 식사할 때 당신이 배우자에게 질문하는 것을 보고 듣는가? 당신은 자녀에게 의견을 묻는가? 각각의 가족 구성원이 가족 이외의 누군가에게 의견을 구하고 그것을 다시 가족들에게 이야기해 주기로 하는 것은 어떤가? 질문하기가 가정생활의 핵심일 때 그런 분위기에서 자란 십대는 또래 친구나 선생님에게도 질문을 하려고 할 것이다.

당신의 자녀가 특정 직업에 관심을 보이면, 그 직업을 가진 누군가를 찾아서 자녀와 대화를 나눌 수 있게 해 주는 것은 어떤가? 자녀에게 질문할 내용을 미리 생각하게 하라. 예를 들어 이런 질문들이 있을 수 있다. "어떻게 해서 그 직업에 관심을 갖게 되었나요?" "그 직업을 갖기 위해서는 어떤 훈련이 필요한가요?" "그 직업에서 가장 마음에 드는 점은 무엇인가요?" "가장 힘든 점은 무엇인가요?" "제가 그 분야에서 일하고자 한다면 어떤 조언을 해 주실 수 있나요?" 대부분의 성인은 기꺼이 자신의 삶에 관해 이야기하려 하겠지만, 대부분의 십대는 질문하는 기술을 습득하지 못해 질문을 하지 않는다.

자녀가 할머니 할아버지와 편안한 분위기에서 대화할 수 있도록 해 주면 어떨까? 이때도 물어보고 싶은 것들을 미리 생각해 두게 하라. 할머니 할아버지가 십대였을 때 세상은 어떠했으며 가장 좋았던 것은 무엇이고 가장 힘들었던 것은 무엇인지, 그분들이 십대였을 때 그분들의 부모님은 어떠셨는지, 우리 엄마나 아빠의 부모가 된다는 것은 어떤 것인지, 그분들은 십대 시절을 어떻게 보냈는지 등등. 또한 그분들의 직업이나 결혼생활, 종교 및 그 밖의 주제에 대해서도 질문할 수 있을 것이다. 이런 대화가 일회성으로 그치지 않고 조부모와 십대 손자녀가 함께 시간을 보내는 방식이 되게 하라. 대부분의 조부모는 손자녀가 관심을 보이기만 하면 자신들의 인생 여정에 대해 이야기하기를 좋아할 것이다.

자녀에게 또래 친구들에게 물어볼 질문 목록을 작성하게 하라. 다음과 같은 질문이 있을 수 있다.

- 태어난 곳은 어디야?
- 어린 시절에 가장 오래된 기억은 뭐야?
- 어린이집/유치원에 다닐 때 뭐 하는 걸 제일 좋아했어?
- 초등학교는 어디서 다녔어?
- 가장 좋아했던 선생님은 누구야? 가장 싫어했던 선생님은 누구야? 이유가 뭐야?
- 올해 가장 좋아하는 선생님은 누구야?
- 가장 좋아하는 과목은 뭐야?
- 부모님은 어떤 분이셔?
- 형제자매가 있어? 어떤 사람이야?
- 고등학교를 마치면 대학에 갈 거야? 전공은 뭘 할 거야?
- 어른이 되면 뭘 할 거야?
- 교회에 다녀?
- 교회에 청소년 모임이 있어? 그 모임에서 가장 마음에 드는 거는 뭐야?

- 가장 좋아하는 스포츠는 뭐야?
- 가장 좋아하는 팀은 어디야?
- 다룰 줄 아는 악기가 있어?
- 가장 좋아하는 노래는 뭐야?

다른 십대들의 삶에 관심을 표할 줄 아는 십대는 친구들과 의미 있는 관계를 쌓아 갈 것이고, 성인의 세계에서도 도움이 될 관계 형성의 기술을 익히게 될 것이다.

나는 가끔 우리 교회 로비에서 십대들과 대화를 나누곤 하는데, 그럴 때면 위의 질문 중 몇 가지를 물어본다. 십대들은 대개 마음을 열고 솔직하게 대답한다. 간혹 내가 그들에게 관심이 있다는 사실에 놀라워하는 것이 느껴질 때도 있다. 하지만 그들 중 내 어린 시절이나 십대 시절, 또는 직업에 관해 묻는 사람은 거의 없다. 질문하는 법을 배우지 못한 탓이다. 그러나 거듭 말하지만, 시작하기에 너무 늦은 때란 없다.

질문하는 법을 배운 십대는 낯선 사람을 만나도 금세 친해진다. 그들은 진한 우정을 쌓을 것이고, 질문하는 기술이 그들의 직업과 관련해서도 엄청난 자산임을 발견하게 될 것이다. 사람들은 질문을 함으로써 그들에게 관심을 표하는 사람들을 좋아하는 경향이 있다. 질문은 존경과 인정 등 모든 인간이 갈망하는 어떤 것을 전달한다.

## 경청하기

 듣는 것과 경청하는 것은 다르다. 우리는 고막을 때리는 모든 소리를 듣는다. 멀리서 울리는 사이렌 소리를 듣고 윙윙거리는 에어컨 소리를 듣는다. 청각장애인을 제외한 모든 사람에게 듣기란 인간의 오감 중 하나인 청각의 작용일 뿐이다. 반면에 경청은 배워야 하는 기술로, 우리의 노력을 요한다. 다른 사람들이 말할 때 경청하는 기술을 배운 십대는 인생에서 뚜렷한 이점을 갖게 된다. 그들은 더 건강한 관계를 쌓아 갈 것이고, 일에도 더 성공적일 것이다.
 그렇다면 이 중요한 기술을 십대에게 어떻게 가르칠 수 있을까? 다른 많은 것이 그렇듯 이것도 부모가 본을 보이는 데서부터 시작한다. 어떤 부모들에게 문제는, 그들 자신도 이 기술을 배워 본 적이 없다는 것이다. 그러나 좋은 소식은, 우리 모두 경청을 잘하는 사람이 되는 법을 배울 수 있다는 것이다. 그렇다면 이 기술을 배우는 데 중요한 것은 무엇인가?
 그것은 다른 사람들을 귀히 여기는 데서 시작한다. 누군가가 내게 말을 건넨다면 그것은 그들에게 전하고자 하는 무언가가 있기 때문이다. 그들에게는 내가 알아주기를 바라는 생각과 감정이 있다. 내가 그들을 한 인간으로서 진실로 귀하게 여긴다면 나는 그들에게 온전히 집중하기 위해 모든 노력을 기울일 것이다. 이해하고 이해받는 것은 좋은 관계의 초석이다. 일단 말하는 사람을 귀히 여기기로 하면 좋은 경청자가 되는 데 필요한 기술들을 배울 강력한 동기부여가 된다.

이 기술들 중 온전한 주의 집중보다 중요한 것은 없다. 이것은 정신을 산란하게 하는 일이 많은 이 소란하고 분주한 세상에서 매우 힘든 일일 수 있다. 당신이 마지막으로 배우자나 자녀의 말에 귀 기울였던 때를 생각해 보라. 혹시 당신은 그들이 말하는 동안 문자 메시지를 확인하지는 않았는가? 만약 그렇다면 당신은 '저 밖에 있는' 누군가가 그들보다 중요하다는 뜻을 전달한 것이다(당신이 의사이거나 늘 비상 상황에 대기해야 하는 누군가라면 이해할 수 있다. 하지만 그런 경우에도 최소한 이렇게 말할 수 있을 것이다. "정말 흥미로운걸. 잠깐만 기다려 줄래? 응급 상황인지만 확인해 볼게").

우리 대부분은 누군가가 우리에게 말할 때 휴대폰을 보는 습관을 없앨 필요가 있다. 자녀가 말하는 동안 그에게 온전히 집중할 때 당신은 그에게 경청의 기술을 가르치는 셈이다.

동일한 원리가 우리가 흔히 멀티태스킹이라고 부르는 부산스러운 상황에도 적용된다. 확실히 당신은 책상 앞에 앉아 서류를 분류하거나 책을 읽거나 식기세척기에서 그릇을 꺼내면서도 자녀의 말을 들을 수 있지만, 그런 경우에는 자녀에게 효과적인 경청의 기술을 가르칠 수 없다. 물론 "잠깐만. 이걸 오븐에 넣고 나면 너한테 온전히 집중할 수 있을 거야"라고 말하는 것은 괜찮다. 당신은 자녀가 말하기 시작할 때 당신이 하고 있던 일을 현실적으로 다루면서 동시에 그들이 하는 말에 관심이 있음을 전달하는 것이므로. 완전한 주의 집중을 위해서는 상대방의 눈을 바라보아야 한다. 자녀가 말할 때 그의 머리 위나 바닥을 보아서는 안 된다.

목으로 경청하라. 고개를 끄덕이는 것은 '네가 하는 말을 이해하려 하는 중이야. 네 말을 잘 따라가고 있어'라는 뜻이다. 등으로 경청하라. 꼿꼿이 앉아 있기보다는 상체를 약간 앞으로 기울이라. 상체를 앞으로 기울이는 것은 '네게 온전히 집중하고 있어'라는 뜻을 전한다. 발로 경청하라. 발을 움직거리지 말라. 자녀가 당신이 반대하는 무언가에 관해 이야기하더라도 자리를 뜨지 말라. 경청의 목적은 상대방이 무엇을 생각하는지뿐 아니라 어떻게 느끼는지도 이해하는 것임을 기억하라. 자녀가 하는 말에 동의하지 않을 때도 말허리를 자르지 말고 끝까지 들으라.

자녀가 말을 마치는 즉시 반응하지 말고 먼저 당신이 제대로 이해했는지 확인하라. "네 말을 이해한 것 같기는 한데 그래도 내가 제대로 이해했는지 확인하고 싶어. 내가 네 시합을 보러 가지 않아서 기분이 상한 것 같은데, 맞아?"

그런 다음, 자녀가 이해받았다고 느끼면 그들의 생각과 감정을 인정해 주라. "네가 얼마나 마음이 상했을지 알아. 내가 너였어도 속상했을 거야. 내가 왜 시합을 보러 가지 못했는지 설명해도 될까?"

당신이 그들의 마음을 알아주었으므로 그들은 당신의 설명을 들으려

할 것이다. 자녀의 말을 주의 깊게 들을 때마다 당신은 그에게 경청의 기술을 가르치는 셈이다.

내가 말하는 종류의 경청은 상담가들이 '공감적 경청'이라고 일컫는 것이다. 이 공감적 경청은 상대방의 말에 반응하려는 마음으로 듣는 것이 아니라 그의 생각과 감정을 이해하려는 마음으로 듣는 것이다. 상대방의 입장이 되어 보고 그의 시각으로 바라보려 하는 것이다. 그렇다. 당신은 결국 반응을 하겠지만, 상대방의 말을 진심으로 듣고 그들의 생각과 감정을 인정해 주기 전에는 당신의 반응은 잘못된 것이기가 쉽다. 연구에 의하면 평균적인 사람들이 상대방의 말을 끊고 반응하기까지 대략 17초밖에 안 걸린다고 한다. 당신이 너무 빨리 대답하면 당신의 자녀는 제대로 이해받지 못했다고 느낄 것이다. 그리고 공감적 경청도 배우지 못할 것이다.

결혼한 성인이 상담가를 찾아가는 이유는 무엇일까? 배우자에게 이해받지 못했다고 느끼기 때문인 경우가 많다. 우리는 천성적으로 남의 말을 잘 듣지 않는다. 우리는 늘 우리의 시각이 옳다고 생각한다. 그래서 배우자가 우리의 관점에 동의하게 만들려고 애를 쓴다. 부부가 둘 다 이런 접근 방식을 취하면 결국 대화는 언쟁으로 끝날 것이고, 종종 심한 말이 오갈 것이다. 그런 언쟁은 이해로 이어지지 않는다.

## 친절을 베풀기

나는 친절을 다른 사람들을 돕기 위한 말이나 행동으로 정의한다. 가던 길을 멈추고 다른 누군가를 돕는 십대를 보고 칭찬하지 않을 어른이 어디 있겠는가? 십대는 친절을 들어서 아는 것이 아니라 보고 배운다. 그들은 당신이 다른 사람들에게 친절을 베푸는 것을 보고 이를 따라 할 것이다. 자녀가 어린아이일 때는 친절을 표현하도록 가르칠 수 있다. "누나에게 가서 누나가 얼마나 예쁜지 말해 주렴." "엄마가 쏟아진 콩을 줍고 있는데, 엄마를 도와드릴까?" "마당에 나가서 아빠를 도와드릴까?" "할머니가 장을 보시는 것을 도와드리자." 어린아이들은 남을 돕는 것을 좋아한다. 그들은 종종 "엄마, 내가 도와드릴까요?"라고 묻는다. 어릴 때 남을 돕는 데서 오는 만족을 경험한 아이들은 십대가 되어서도 사람들에게 친절을 베풀 것이다.

그러나 십대가 되면 자기 내면으로 파고드는 경향이 있어서, 다른 사람들을 돕는 것이 사랑이 많은 사람이 하는 일임을 상기하도록 당신이 본을 보일 필요가 있다. 나는 버지니아대학교 캠퍼스를 걷다가 케이벨 강당 입구 위에 걸린 석판에 다음과 같은 글귀가 새겨져 있는 것을 보았다. "그대는 세상을 풍요롭게 하기 위해 여기 있으며, 만약 이것을 잊는다면 그대 스스로 빈곤해질 것이다." 당신의 자녀는 이 말을 뇌리에 새길 필요가 있다. 이 문구를 목판에 새기거나 종이에 써서 집 안에 걸어 두는 것도 도움이 될 것이다.

친절한 말은 그 말을 듣는 사람에게는 격려가 되고 그 말을 하는 사람에게는 자존감을 불어넣어 준다. 자녀에게 하루 동안 다른 사람들이 하는 친절한 말을 듣고 적어 오게 하라. 이것을 온 가족이 함께하는 게임으로 만들 수도 있다. 가족 모두가 다른 사람들이 하는 친절한 말을 적어 와 그날 저녁 식사 시간에 발표하게 한 뒤 가장 많이 적어 온 사람에게 상을 주는 것이다. 그렇게 하면 그들은 친절한 말을 듣는 과정에서 친절한 말을 하는 것에 대해 더 많이 생각하게 될 것이다.

최근에 나는 교회에서 '친절'에 관한 이야기를 했다. 나중에 한 소녀가 내게 와서 말했다. "채프먼 박사님, 정말 유익한 설교였어요. 덕분에 저희 부모님이 얼마나 친절한 분들인지 다시 한번 생각하게 되었답니다. 다른 사람들에게 친절하게 대하는 것에 초점을 맞춰야겠다는 생각도 하게 되었고요. 특히 날마다 다른 사람들이 하는 친절한 말에 귀를 기울인다는 아이디어가 마음에 들었어요. 그래서 저도 한번 해 보려고요. 다음 주에 다른 사람들이 하는 친절한 말들을 적어 와서 보여 드릴게요." 나는 소녀에게 고마움을 표한 뒤 그녀가 적어 오는 말들을 꼭 보고 싶다고 말했다.

그다음 주 일요일이 되자 소녀는 자신이 적어 온 말들을 내게 보여 주었는데, 매우 인상적이었다. 몇 가지는 같은 반 친구들이 한 말이고, 몇 가지는 부모님과 형제들이 한 말이고, 하나는 할머니가 한 말이었다. 소녀가 말했다. "이번 주에는 이 말들 중 몇 가지를 다른 사람들에게 해 볼 생각이에요." 나는 소녀를 칭찬한 뒤 속으로 생각했다. '그 설교를 들은 사람 모두가 이 소녀처럼 행동에 옮긴다면 어떨까?' 십대는 물론 성인들도 친절한 말의 힘을 상기할 필요가 있다.

또한 친절은 행동으로도 표현된다. 우리는 사람들이 드라이브스루 음식점에서 뒤차 운전자의 음식값까지 계산하는 것 같은 '무작위로 베푸는 친절'(random acts of kindness)에 대해 말하는 것을 듣는다. 그런 행동은 그런 친절을 받는 사람에게 깊은 인상을 남긴다. 최근에 나는 아내와 함께 레스토랑에서 식사를 했는데, 식사를 마치고 계산을 하려 하자 주인이 말했다. "오, 누군가가 이미 계산했답니다." 나는 깜짝 놀라서 말했다. "정말요? 흠, 그거 좋은데요. 그렇다면 테이블로 돌아가서 팁을 두 배로 놓고 와야겠군요. 나도 친절한 행동을 했다고 느낄 수 있도록 말이죠."

친절한 행동이 꼭 돈과 관련된 것이어야 할 필요는 없다. 건물 안으로 들어가다가 다른 사람들을 위해 문을 잡아 주는 십대들은 친절을 표현하는 중이다. 당신은 자녀에게 이런 간단한 사회적 관계 형성의 기술을 가르쳤는가? 친절한 행동을 할 때 그들은 어른들에게 칭찬을 들을 것이고 자존감도 올라갈 것이다.

십대가 친절한 행동을 생활화하도록 돕는 한 가지 방법은 앞에서 '친절한 말'에 대해 논할 때 소개한 것과 같은 관찰 놀이를 하는 것이다.

가족 모두에게 그날 하루 동안 관찰한 친절한 행동을 적어 오게 해서 가장 많이 적어 온 사람에게 상을 주라. 우리는 다른 사람들에게서 친절한 행동을 많이 관찰하면 할수록 이 친절이라는 사회적 관계 형성의 기술을 더 잘 습득하게 될 것이다.

다른 대부분의 사회적 관계 형성의 기술이 그런 것처럼 친절한 행동도 가정에서부터 시작된다. 당신은 최근에 배우자나 자녀들에게 "오늘이나 이번 주에 내가 무엇을 도와주면 좋을까?" 하고 물어본 적이 있는가? 그들은 당신이 이렇게 묻고 친절을 베푸는 것을 보고 당신에게 같은 질문을 하기 시작할 것이다. 만약 그렇게 하지 않는다면 가족회의를 열어 가족이 서로에게 그리고 다른 사람들에게 친절한 행동을 하는 것의 가치에 대해 토론하는 것도 좋은 방법이다. 나는 가장 행복한 십대는 친절한 말과 행동이 생활화된 십대라고 확신한다.

## 생각해 보자

1. 다음의 사회적 관계 형성의 기술과 관련하여 스스로에게 0부터 10까지 점수를 매긴다면 몇 점을 주겠는가?

    - 감사를 표현하기

    - 질문하기

    - 경청하기

    - 친절을 베풀기

2. 당신의 사회적 관계 형성의 기술이 '더 나아질 여지'가 있다면, 당신은 이번 주에 어떤 기술에 초점을 맞추고자 하는가? 그 기술을 습득하기 위해 어떤 단계를 밟고자 하는가?

3. 사회적 관계 형성의 기술 중 당신의 자녀가 가장 많이 습득하기를 바라는 것은 무엇인가? 이번 주에 당신이 본 것으로 그들을 칭찬하라.

4. 사회적 관계 형성의 기술 중 자녀에게 가장 부족하다고 생각되는 것은 무엇인가? 그 기술을 습득하도록 도우려면 어떤 단계를 밟아야 할까?

5. 한 주나 한 달 안에 사회적 관계 형성의 기술을 습득하는 것은 불가능하다. 그러나 우리는 매주 더 나은 방향으로 나아갈 수 있다. 다른 사람들에게 친절하게 행동하는 것은 자존감과 낙관적인 태도, 인생 전반에 대한 만족감을 끌어올린다는 것을 기억하라.

Things I Wish I'd Known
Before My Child Became
a Teenager

## 06

### 십대는
### 분노를 다루는 법을
### 배울 필요가 있다

아주 솔직하게 말하자면, 나는 우리 아이들이 십대가 되기 전에 나 자신의 화부터 다스리는 법을 알았더라면 좋았을 것이다. 내 기억에 나는 결혼하기 전까지는 화 때문에 문제 될 일이 없었고, 아들이 십대가 되기 전까지 화 때문에 크게 문제 될 일이 없었다. 당신은 어떤가? 내 이야기는 잠시 후에 나누기로 하고 먼저 화의 근원을 이해하려고 해 보자. 왜 모든 인간은 화를 낼까? 그것은 우리가 윤리적인 존재이기 때문이다. 우리에게는 옳고 그름에 대한 감각이 있다. '잘못되었다'고 여기는 것을 보면 우리 안의 무언가가 '이건 옳지 않아!'라고 외친다. 그리고 이런 생각과 함께 강한 분노의 감정이 치솟는다.

당신이 마지막으로 분노를 경험했던 때를 떠올려 보라. 아마도 당신이 생각하기에 누군가가 당신을 부당하게 대우했거나 무언가가 제대로 작동하지 않았기 때문에 화가 났을 것이다. 이것이 사람들이 잔디 깎는 기계에 화를 내는 이유다. "기계가 제대로 작동하지 않아!" 이것이 모든 사람이 컴퓨터나 프린터에 화를 내는 이유다. 이것이 남편과 아내가 때때로 서로에게 화를 내는 이유고, 부모가 자녀에게 화를 내는 이유이며, 자녀가 종종 부모에게 화를 내는 이유다. 분노의 목적은 잘못된 것들을 바로잡도록 동기를 부여하는 데 있다고 나는 믿는다. 모든 위대한 사회 개혁은 분노에서 비롯되었다. 사람들은 사회의 잘못된 것들을 바로잡고자 행동에 나선다.

그러나 때때로 우리의 노력은 상황을 더 악화시킨다. 사람들은 화가 나서 불을 지르고, 살인을 하고, 그 밖의 만행을 저지른다. 남편들과 아내들은 분노를 제대로 관리하지 못한 탓에 결혼생활을 망친다. 홧김에 어떤 말이나 행동을 하는 바람에 부모와 성인 자녀 사이에 금이 가는 경우도 많다. 문제는 분노가 아니다. 문제는 제대로 관리되지 않은 분노 혹은 통제되지 않은 분노다.

문제를 더욱 복잡하게 하는 것은 분노에 두 종류가 있다는 것이다. 하나는 뭔가가 잘못되었을 때 느끼는 '일반적인 분노'고, 다른 하나는 잘못된 것은 없지만 내 뜻대로 되지 않았을 때 느끼는 '왜곡된 분노'다. 가족 관계에서 경험하는 분노 중 많은 것이 후자에 속한다. 어떤 아내는 남편이 퇴근길에 우유 사 오는 것을 잊었다고 화를 낸다. 잊어버리는 것은 윤리적인 잘못이 아니다. 그것은 인간적인 것이다. 어떤 남편은 아내가 식기세척기에 그릇을 '올바로'(자신이 원하는 방식으로) 포개 놓지 않았다고 화를 낸다. 부모들은 자녀가 머리카락을 오렌지색으로 물들였다고 화를 낸다. 십대들은 친구들과 해변에 놀러 가고 싶은데 부모가 가지 못하게 한다고 화를 낸다.

왜곡된 분노는 일반적인 분노만큼이나 실제적이지만, 우리는 이 둘을 구분할 필요가 있다. 일반적인 분노의 경우, 우리는 사랑에 기초해 상대방의 잘못을 지적함으로써 잘못된 것을 바로잡아야 한다. 반면에 왜곡된 분노의 경우에는 상대방이 왜 그런 행동을 했는지 이해하려는 마음으로 질문하고 공감적으로 경청해야 한다. 그런 뒤에도 여전히 상대방의 행동이 마음에 안 들 수 있지만, 그것은 윤리적인 잘못이 아니라 좋고 싫음의 문제임을 알아야 한다. 우리는 서로의 인간적인 면모를 받아들이는 법을 배워야 한다. 사람들은 서로 다르다. 사람들이 늘 우리가 원하는 일을 하거나 우리가 원하는 방식으로 하지는 않을 것이다. 앞에서도 말했듯 공감적 경청은 우리를 상대방에 대한 이해와 수용으로 이끈다. 비록 우리가 상대방의 의견에 동의하지 않을지라도 말이다.

자녀가 부모가 정한 규칙을 어긴다면 그에 따른 결과를 감수하게 해야 한다. 이때 부모는 사랑에 기반해 친절하면서도 확고한 태도로 자녀를 대해야 하고, 홧김에 심한 말을 해서는 안 된다. 우리가 분노를 통제해야지, 분노가 우리의 행동을 통제하게 해서는 안 된다. 목표는 자녀가 자신의 잘못을 깨닫게 하는 데 있지, 자녀를 비난하는 데 있지 않다.

## 어렵게 배우다

그러면 어떻게 해야 자녀가 긍정적인 방식으로 분노를 처리하게 할 수 있을까? 불행히도 나는 이것을 어렵게 배웠다. 내가 아들과 크게 언쟁을 벌인 것은 아들이 열네 살 때였다. 무슨 일 때문이었는지는 기억이 나지 않지만, 우리는 둘 다 화가 나서 서로에게 심한 말을 퍼부어 댔다. 그렇게 한참 고함을 지르던 중에 아들이 현관문을 쾅 닫고 집을 나가 버렸다. 그제야 정신이 번쩍 들었다. '내가 무슨 짓을 한 거지?' 하는 생각이 뇌리를 스쳤다. '내가 어떻게 사랑하는 아들에게 그런 말을 할 수 있었을까?' 나는 소파에 주저앉아 울기 시작했다. 아내가 나를 위로하려 했다. "저 애를 어떻게 해야 좋을지 모르겠어요. 데릭은 당신을 존경하는 법을 배워야 해요." 하지만 나는 마음속 깊은 곳에서 아들만큼이나 나도 잘못했다는 것을 알았다. 아내가 방에서 나가자 나는 하나님께 마음을 쏟아 놓고 내 잘못을 고백했다. 하나님이 그분의 자녀들에게 완벽을 요구하시지 않는다는 것이, 그리고 우리가 죄를 자백

하면 용서해 주신다는 것이 얼마나 기쁜지 모른다.

내가 얼마나 오랫동안 아들과의 일을 생각하며 그렇게 소파에 앉아 있었는지는 모르겠지만 아들은 결국 다시 집에 들어왔고, 나는 그에게 이야기를 좀 하자고 말했다. 아들이 의자에 앉자 내가 말했다. "네게 말한 방식에 대해 사과할게. 어떤 아버지도 아들에게 그렇게 말해서는 안 되는 건데…. 화가 나서 심한 말을 하긴 했지만, 너에 대해 그렇게 느끼는 건 아니야. 나는 너를 아주 많이 사랑한단다. 네게 용서를 구하고 싶구나." 아들이 대답했다. "아빠, 아빠 잘못이 아니에요. 제가 먼저 시작했어요. 길을 걸으며 하나님께 용서해 달라고 말씀드렸어요. 아빠한테도 용서를 구하고 싶어요." 우리는 둘 다 자리에서 일어나 눈물을 흘리며 서로를 껴안았다.

다시 자리에 앉았을 때 내가 말했다. "우리 둘 다 화를 다스리는 법을 배우는 게 어떨까? 다음번에 내게 화가 나면 '아빠, 화가 나서 그러는데, 잠깐 이야기할 수 있어요?'라고 말하는 거야. 그러면 자리에 앉아서 네 말에 귀 기울이고 네가 왜 화가 났는지 이해하려고 노력할게. 그리고 나도 화가 날 때는 네게 말할게. 자리에 앉아서 내가 왜 화가 났는지 차분히 설명하도록 해 볼게. 서로에게 소리 지르는 대신 대화로 해결하는 법을 배울 수 있을지 한번 해 보자꾸나." 아들은 동의했고, 그것은 우리 둘에게 전환점이 되었다. 우리의 계획은 효과가 있었다. 아니, 어쩌면 효과가 있게 하려고 우리가 노력한 것인지도 모르겠다. 우리는 화가 났다는 것을 인정하는 법과 서로의 말을 경청하는 법을 배웠다. 내가 십대였을 때 분노를 다루는 법을 배웠더라면 정말 좋았겠지만, 확실히 나는 그러지 못했다. 좋은 소식은, 배우기에 너무 늦은 때란 결코 없다는 것이다. 아들이 아직 십대일 때 내가 분노를 다루는 법을 배울 수 있었던 것이 기쁠 따름이다.

여기 분노를 긍정적인 방식으로 처리하는 몇 가지 실제적인 아이디어가 있다. 첫째, **분노의 감정을 부인하지 말라.** 분노는 인간의 건강한 감정이다. 그것은 뭔가에 주의가 필요함을 알려 주는 자동차 계기판의 불빛 같은 것이다. 둘째, **말하기에 앞서 생각할 시간을 가지라.** 우리 어머니는 내가 어렸을 때 "화가 났을 때는 열을 센 뒤에 말하렴"이라고 말씀하셨다. 맞는 말이다. 하지만 숫자를 세려면 열이 아니라 적어도 백까지는 세어야 하리라. 스스로에게 마음을 진정시킬 시간을 주라.

길을 걸으며 숫자를 셀 수도 있을 것이다. 숫자를 다 센 후 이렇게 자문해 보라. "이것은 일반적인 분노인가, 왜곡된 분노인가? 그들이 뭔가를 잘못했는가, 아니면 내 생각에 그들이 해야 한다고 여기는 것을 그들이 하지 않은 것뿐인가?" 어느 쪽이 되었든 우리는 분노를 긍정적인 방식으로 처리할 필요가 있다.

통제되지 않은 분노는 늘 상황을 더 악화시킨다. 그것이 왜곡된 분노일 경우, 분노를 다루는 첫 단계는 당신이 다른 모든 사람과 마찬가지로 자기중심적이라는 사실을 인정하는 것이다. 당신은 당신 생각에 그들이 해야 한다고 여기는 것을 그들이 하길 원한다. 주말에 친구들과 해변에 가는 것을 허락해 주지 않는다고 부모에게 화가 난 십대는 부모가 부당하다고 생각한다. 이런 경우, 왜곡된 분노를 긍정적인 방식으로 처리하는 법을 배운 십대라면 어떻게 반응할까? 그는 길을 걸으며 마음을 진정시킨 뒤 부모에게 가서 말할 것이다. "화를 내서 죄송해요. 저는 정말로 해변에 가고 싶은데 엄마 아빠가 못 가게 하는 게 부당하다고 느꼈어요. 두 분은 제 부모님이시고, 저는 두 분의 결정을 존중해야 한다는 걸 알아요. 두 분이 왜 이런 결정을 내리셨는지 제가 이해할 수 있게 도와주시겠어요?" 이 책을 읽는 부모 대부분이 "우리 아이가 이렇게 반응하는 건 상상도 할 수 없는 일이에요. 이건 너무 비현실적이에요"라고 말할 것이다. 나도 이것이 대부분의 십대가 반응하는 방식이 아니라는 것을 인정한다. 그들은 왜 그러는 걸까? 분노를 건강한 방식으로 다루는 법을 아직 배우지 않았기 때문이다.

## 분노는 학습된다

하지만 부모에게서 배우지 않으면 어디서 배우겠는가? 사실 수많은 십대가 분노를 긍정적인 방식으로 다루는 법을 배운 적이 없어서 이런 미숙한 상태로 성인기에 들어선다. 이는 결혼생활 중에 갈등을 유발하고, 그들의 자녀 또한 그들의 본을 따르기가 쉽다. 통제되지 않은 분노는 세대에서 세대로 이어지면서 관계에 심각한 문제를 일으킨다. 우리는 부모로서 자녀가 긍정적인 방식으로 분노를 다루는 법을 배우도록 도울 기회가 있다. 당신이 아직 자신의 분노를 다루는 법을 배우지 못했다면 내가 한 것처럼 자녀에게 사과할 수 있을 것이다. 이는 종종 부모와 자녀 사이의 장벽을 무너뜨리는 첫 단계가 된다.

그다음에는 어떻게 해야 할까? 당신의 분노가 왜곡된 분노일 경우, 당신은 자녀에게 이렇게 말할 수 있을 것이다. "나는 화가 나. 그리고 네가 한 일이 잘못이 아니라는 걸 알지만, 내가 어떻게 느끼는지 알아줬으면 좋겠구나. 네가 _____를 (말)할 때 나는 화가 나고 상처를 받아. 이유를 얘기해도 될까?" 그런 다음 당신이 어떻게 생각하고 느끼는지 설명하라. 그리고 "내 말이 무슨 뜻인지 이해하겠어?"라고 물어보라. 그들이 대답하면 다시 이렇게 말하라. "너에게도 여기에 대한 생각이 있다는 걸 알아. 네 입장을 들어보고 싶구나. 네가 어떻게 생각하고 느끼는지 알면 도움이 될 것 같아."

그들의 말에 귀 기울이고 그들의 생각과 감정을 인정해 주라. "내가 너였어도 그렇게 생각하고 느꼈을 거야"라는 말은 언제나 옳다. 만약 당신이 그들과 같은 연령대고 그들과 같은 성격이었다면 당신도 그들처럼 느끼기가 쉬웠을 것이다. 그런 다음 "이 문제를 어떻게 해결할 수 있을까?"라고 물어보라. 아마도 당신은 자녀가 기꺼이 달라지려는 것을 발견할 것이다. 아니면 당신의 마음이 바뀌든가. 여하튼 우리는 해결책을 찾으려는 것이지, 전쟁을 하려는 것이 아니다.

당신의 배우자나 자녀, 또는 그 밖의 다른 누군가가 당신이나 다른 사람들에게 윤리적인 잘못을 저질렀을 때도 비슷한 접근 방식을 취할 수 있다. 그런 경우, 그의 행동이 잘못이라고 생각하는 이유를 말해 주고 당신이 그의 행동이나 말을 잘못 이해했는지 물어보라. 윤리적인 잘못에는 사과와 용서가 필요하다. 사과와 용서가 이루어지지 않을 경우, 잘못은 두 사람 사이에 정서적 장벽을 쌓는다. 진지한 사과와 참된 용서가 있을 때 장벽은 무너지고 관계는 다시 진전될 수 있다. 우리는 때때로 사과할 필요가 있을 것이다. 우리 중 누구도 완벽하지 않기 때문이다.

건강한 방식으로 분노를 다루는 법을 배운 십대는 성인이 되어서도 사람들과 좋은 관계를 형성할 것이다. 반면에 통제되지 않은 분노는 많은 사람이 직장을 잃고 결혼생활을 망치고 자녀에게 상처를 주게 한다. 자녀에게 긍정적인 방식으로 분노를 다루는 법을 가르치는 것은 시간과 노력을 들일 만한 가치가 있다.

## 생각해 보자

1. 당신이 십대였을 때 부모님이 당신에게 분노를 다루는 법을 가르쳤는가? 만약 그랬다면, 그들의 노력은 얼마나 효과가 있었는가? 그리고 무엇보다도 그들 자신은 어떻게 분노를 다루었는가?

2. 당신은 다른 사람들에 대한 분노를 얼마나 잘 다루는가?

3. 가장 최근에 당신의 자녀가 분노를 통제하지 못하는 것을 본 적이 언제인가? 이때 당신의 반응은 어떠했는가? 당신의 반응이 적절했다고 생각하는가?

4. 당신은 자녀가 화가 났을 때 그것을 당신에게 말하도록 하는가? 자녀에게 우리 모두는 화가 날 때가 있으며, 당신이 그의 말에 귀 기울이려 한다는 것을 알려 주라.

5. 자녀가 건강한 방식으로 분노를 다루는 법을 배우도록 돕기 위해 당신이 취해야 할 다음 단계는 무엇이라고 생각하는가?

Things I Wish I'd Known
Before My Child Became
a Teenager

## 07

# 십대는
# 사과하고 용서하는 법을
# 배울 필요가 있다

    십대는 결코 완벽하지 않으며, 이것은 부모도 마찬가지다. 우리는 좋은 관계를 쌓아 가기 위해 반드시 완벽해야 할 필요는 없다. 그러니 기쁘지 않은가? 그러나 우리의 잘못을 효과적으로 다룰 필요는 있다. 이것은 사과하고 용서하는 것과 관련이 있다. 사과하지 않는 성인은 계속해서 관계가 깨어지는 경험을 하게 될 것이다. 그러므로 사과하는 법과 용서하는 법을 자녀에게 가르치는 것은 대단히 중요하다.

    대부분의 부모는 자녀가 어릴 때부터 이 과정을 시작한다. 어린 헨리가 누나가 블록으로 만든 탑을 무너뜨렸다고 하자. 엄마가 말한다. "헨리, 그건 잘못된 행동이야. 누나한테 가서 사과하고 용서해 달라고 하렴." 그러면 어린 헨리는 "미안해, 용서해 줘"라고 말할 것이다. 비록 그의 태도가 진지하지 않을지라도 그는 사람들에게 잘못했을 때는 사과해야 한다는 것을 이해하기 시작한다. 엄마는 또한 그의 누나에게 동생을 용서해 주라고 말할 것이다. 누나는 언짢아하면서도 "용서할게"라고 말할 것이다. 거듭 말하지만, 이런 것들이 자녀에게 사과와 용서를 가르치는 기본적인 단계다.

그러나 용서와 사과에 대해 배워야 할 훨씬 많은 것이 있다. 십대 시절은 유년 시절에 형성된 기초 위에 더 많은 것을 배워 나갈 수 있는 시기다. 몇 년 전에 나는 제니퍼 토머스 박사와 함께 『5가지 사과의 언어』(The 5 Apology Languages, 생명의말씀사 역간)라는 책을 썼는데, 그때 우리는 수천 명의 사람에게 2가지 질문을 했다. 하나는 "사과할 때 주로 어떤 말이나 행동을 하시나요?"였고 다른 하나는 "다른 누군가가 당신에게 사과할 때 그들이 어떤 말이나 행동을 하기를 바라시나요?"였다. 사람들의 대답은 5가지 범주로 나뉘었고, 우리는 그것을 '5가지 사과의 언어'라고 부르기로 했다. 우리는 진지한 사과가 어떤 것인지에 대한 생각이 사람마다 많이 다르다는 것을 발견했다. 누군가가 우리에게 사과할 때 우리는 진실한 사과에 대한 우리의 생각에 기초해 그들의 진실성을 판단한다. 이것이 어떤 사람들의 사과는 진실하게 느껴지지 않고, 그리하여 그들을 용서하기 힘든 이유다.

부모가 5가지 사과의 언어를 알면 자녀들에게 더 효과적으로 사과하는 법을 가르칠 수 있을 것이다. 이에 관해 다음에 간략하게 소개한다.

**유감 표명** 사람들은 사과할 때 종종 "미안해"라고 말한다. 그러나 이 한마디로 끝나서는 안 된다. 무엇이 미안한지를 말해야 한다. "화를 참지 못하고 소리 질러서 미안해." "너의 새 드레스를 비웃어서 미안해." 그냥 "미안해"라고만 말하면 상대방은 '당연히 그럴 테지'라고 생각할 것이다. 그들이 알고 싶은 것은 이런 것들이다. "네가 한 행동을 진심으로 후회하고 있어?" "네가 내게 얼마나 큰 상처를 줬는지 알아?" "네가 한 행동으로 인해 고통을 느껴?"

우리가 흔히 하는 실수 중 하나는, 사과를 한 뒤 "하지만"을 덧붙이는 것이다. "화를 내서 미안해. 하지만 당신이 _____하지 않았더라면 나도 _____하지 않았을 거야." 이렇게 되면 당신은 더 이상 사과하는 것이 아니다. 당신의 잘못에 대해 상대방을 탓하는 것이다. "하지만"을 덧붙이는 습관을 어떻게 하면 없앨 수 있을까? 다음번에도 "화를 내며 소리 질러서 미안해. 하지만…"이라고 말이 나온다면 잠시 멈춘 후 이렇게 말하라. "'하지만'이라는 말은 잊어 줘. 화를 내며 소리 질러서 미안해." 이런 일이 세 번쯤 반복되면 "하지만"이라는 말을 덧붙이는 습관을 없앨 수 있을 것이다.

또한 "내 말에 마음 상했다면 미안해"라고 말하는 습관을 버리라. 이것은 사과가 아니다. 상대방이 상처 받은 것을 상대방 탓으로 돌리는 것이다. 제니퍼 토머스 박사는 TV나 신문에 나오는 사회 지도층 인사들의 공적인 사과를 기록하기 시작했는데, 그들이 가장 흔히 사용하는 말 중 하나가 바로 이것이었다고 한다. 아마도 그들은 부모로부터 진실하게 사과하는 법을 배우지 못한 듯하다.

책임 인정 "내가 잘못했어. 그래서는 안 되는 거였어." 십대는 자신의 행동이 부모를 언짢게 했을 때 그 행동에 대한 책임을 받아들이려 하지 않는다. 한 십대는 "제가 담배를 산 게 아니에요. 코리가 사서 제게 권한 거예요. 한번 피워 보라고 해서 딱 한 번 피운 것뿐이라구요"라고 말했다. 사실 그의 코트 주머니에는 담뱃갑이 들어 있었다. 어떤 십대들은 결과가 두려워서 잘못을 시인하려 하지 않는다. 그러나 잘못을 인정하는 것은 진지한 사과의 한 부분이다. 이것은 또한 어린 자녀들에게 사과하는 법을 가르치는 첫 단계이기도 하다. 우리 아들이 예닐곱 살 때의 일이 기억난다. 그때 우리는 주방에 있었는데, 아들이 실수로 식탁 위의 유리잔을 쳐서 떨어뜨렸다. 유리잔은 산산조각이 났다. 내가 아들 쪽으로 고개를 돌리자 그는 "저절로 떨어졌어요!"라고 말했다. 나는 "다르게 말해 보자. '내가 실수로 식탁 위의 유리잔을 쳐서 떨어뜨렸어요'라고 말이야"라고 말했다. 그러자 아들은 울면서 말했다. "내가 실수로 식탁 위의 유리잔을 쳐서 떨어뜨렸어요." 아들은 벌 받을 짓을 한 것이 아니었고, 나는 그저 아들이 자기 행동에 대한 책임을 인정하도록 도와주려 했을 뿐이다.

어떤 성인들은 "내가 잘못했어. 그래서는 안 되는 거였어"라고 말하기 힘들어한다. 이런 성인들은 유년 시절이나 십대 시절에 부모로부터 언어적 학대를 당한 사람들인 경우가 종종 있다. "도대체 너는 제대로 하는 게 없구나" 같은 말이 성인이 된 지금도 그들의 귓전을 맴돈다. 그들은 자라면서 속으로 다짐한다. '어른이 되면 다시는 잘못을 하지 않을 거야!' 그들은 잘못을 시인하기를 어려워한다. 그것은 "부모님이 옳았어. 나는 제대로 하는 게 없어"라고 말하는 것이기 때문이다. 부모들은 잘못을 시인하는 것이 연약함의 표시가 아니라 강함의 표시임을 자녀들이 이해하도록 도와야 한다. 잘못에 대한 책임을 인정하는 것은 진지한 사과의 중요한 한 부분이다.

<u>보상</u> "잘못을 바로잡기 위해 내가 무엇을 하면 좋을까? 어떻게 보상하면 될까? 내가 너한테 상처 준 거 알아. 정말 미안해." 이런 사과는 많은 사람의 마음에 와닿는다. "미안해. 잘못했어"라는 말만으로는 충분하지 않다. 그들은 당신이 잘못을 바로잡기 위해 무엇을 할지 알고 싶어 한다. 그리고 대개 당신이 무엇을 해야 하는지에 대한 아이디어를 가지고 있다. 부모로서 당신은 당신이 잘못한 대상에게 보상해 주겠다고 말한 적이 있는가? 배우자에게 "여보, 내가 잘못한 거 알아. 정말 미안해. 어떻게 하면 바로잡을 수 있을까?"라고 말한 적이 있는가? 어떤 사람들에게는 잘못을 바로잡겠다는 제안이 빠진 사과는 진실한 사과가 아니다.

십대들은 이 사과의 언어를 배울 필요가 있다. 당신과 십대 자녀가 드라이브스루 햄버거 가게에서 햄버거를 샀다고 하자. 당신이 운전하는 동안 당신의 자녀는 햄버거를 먹고 나서 남은 음식물 쓰레기가 담긴 봉투를 차창 밖으로 던진다. 당신은 어떻게 하겠는가? 어떤 부모들은 화를 내며 "그러지 마. 그래서는 안 되는 거 알잖아"라고 말할 것이다. 부모의 반응이 그게 전부라면 자녀는 "죄송해요"라고 말하거나 어깨를 으쓱해 보이고는 아무 말도 하지 않을 것이다. 그러나 부모가 차분하게 이렇게 말한다면? "그건 법에 저촉되는 행동이야. 사실 쓰레기를 버리다가 걸리면 100달러의 벌금을 물어야 해. 그러니까 집에 가서 쓰레기봉투를 가지고 돌아와서 네가 버린 그 쓰레기를 주워 담아야 해. 잘못을 했으면 바로잡아야지."

**진실한 뉘우침** "제가 한 일이 마음에 걸려요. 또 그러고 싶지 않아요. 다시는 그런 일이 없도록 저를 좀 도와주시겠어요?" 한 십대가 아빠에게 말했다. "맞아요, 제가 아빠 지갑에서 10달러를 꺼내 갔어요. 잘못한 거 알아요. 변명하지 않을게요. 사실은 전에도 한 번 그런 적이 있는데 들키지 않고 넘어갔어요. 그게 줄곧 마음에 걸렸어요. 다시는 그러고 싶지 않아요. 저 좀 도와주시겠어요?" 자녀를 사랑하는 아버지라면 해 줄 말이 있을 것이다. 어쩌면 이렇게 말할 수도 있겠다. "앞으로는 내게 10달러를 벌 수 있는 일이 있는지 물어보면 어떨까? 그러면 내가 적당한 일거리를 생각해 낼 수 있을 거야. 혹은 네가 그 돈을 현명하게 사용하리라고 생각될 경우, 그냥 줄 수도 있고." 그런 다음 이렇게 덧붙일 것이다. "네가 진심으로 뉘우치고 있는 것 같으니 용서하마. 하지만 뒷마당의 낙엽을 쓸어서 내게 10달러를 갚으면 네 기분이 좀 나아질 거야. 어떻게 할래? 낙엽을 쓸어서 10달러를 갚을래?" 이렇게 함으로써 그는 아들이 같은 잘못을 반복하지 않도록 할 계획을 들려주고 보상의 개념을 가르치게 된다.

**용서 요청** "나를 용서해 줄래? 상처 줘서 미안해. 용서해 주길 바라." 용서 요청은 상대방이 당신을 용서할 수 있는 길을 터 준다. 우리는 누군가가 우리를 용서하도록 강제할 수 없지만, 용서를 청할 수는 있다. 어떤 사람들은 "왜 용서를 청해야 하지요? 제가 사과하는 게 곧 용서받기 위함이라는 걸 모른단 말이에요?"라고 물을 것이다. 그러나 어떤 사람들에게는 용서 요청이 진지한 사과의 한 부분이다. 누군가에게 용서를 청할 때 그것은 당신의 잘못으로 인해 상대방과의 사이에 벽이 생겼으며, 상대방이 당신을 용서하기 전에는 그 벽이 없어지지 않으리라는 것을 인정하는 것이다.

5가지 사과의 언어를 모두 배운 십대는 자라서 좋은 관계를 쌓아 갈 것이다. 5가지 사과의 언어를 통해 자신의 진심을 효과적으로 전달할 수 있기 때문이다. 그렇다면 어떻게 해야 자녀에게 사과하는 법을 가르칠 수 있을까? 그것은 배우자와 자녀 그리고 다른 사람들에게 5가지 사과의 언어를 모두 사용함으로써 가능하다.

　우리 대부분은 십대 시절에 이 5가지 사과의 언어를 배우지 못했다. 우리의 부모님은 그중 한두 가지를 가르쳤고, 이것이 우리가 사과할 때 자연스럽게 사용하는 사과의 언어가 되었다. 좋은 소식은, 성인이 되어서도 사과의 언어를 배울 수 있다는 것이다. 그렇다. 처음에는 다소 부자연스럽게 느껴질 수도 있지만, 한 번씩 사용할 때마다 점점 더 편안하게 느껴질 것이다.

　당신이 5가지 사과의 언어를 사용하기 시작한 이후로 당신의 자녀는 전에 들어본 적이 없는 말을 듣고 있는 자신을 발견하게 될 것이다. 가족들과 함께 효과적으로 사과하는 법에 대해 토론하는 시간을 가질 수도 있다. 5가지 사과의 언어를 소개한 뒤 가족들이 한 명씩 다른 가족들에게 사과의 언어를 말하는 연습을 해 보게 하라. 약간의 유머를 곁들여 게임처럼 진행할 수도 있을 것이다. 이를 통해 십대는 긍정적인 관계를 쌓아 가는 데 꼭 필요한 기술을 배우게 될 것이다.

　우리가 조사한 바에 의하면 성인 인구의 10퍼센트가량은 사과를 하지 않으며, 그 대부분이 남성이다. 그들은 "진짜 사나이는 사과하지 않는 법"이라고 말하는 그들의 아버지로부터 이 같은 태도를 배웠다. 그러나 이 말은 틀렸다. 진짜 사나이는 사과를 한다. 사실 사과하는 법을 배우지 못하면 건강한 관계를 쌓아 갈 수 없다. 당신의 자녀가 이런 태도를 지닌 성인으로 자라게 하지 말라. 진짜 사나이는 자신이 완벽하지 않음을 알고, 이를 기꺼이 인정한다.

### 용서

사과만으로는 관계가 회복되지 않는다. 사과에 대한 반응이 있어야 한다. 그리고 관계를 진전시키는 반응이 바로 용서다. 용서는 잘못한 사람에게 관용을 베풀고 두 사람 사이의 벽을 허물겠다는 결심이다. 상처가 깊을 때는 용서하기가 힘들 것이다. 우리의 정의감은 잘못한 사람이 대가를 치르게 하라고 말하고, 우리의 동정심은 정의보다는 자비를 택하라고 말한다. 사회에서 정의는 범죄자가 그들이 저지른 잘못된 행위에 응분의 대가를 치르라고 요구한다. 그것이 시민 정부의 역할 중 하나다. 그러나 개인적인 관계에서 화해를 이끌어 내는 것은 자비다. 진실한 사과와 진정한 용서가 있을 때 관계는 회복이 가능하다. 많은 가족이 사과와 용서가 부족해 관계에 금이 간다. 용서하는 법을 배운 십대는 미움과 해묵은 분노와 증오(셋 다 부정적인 신체적, 정서적 결과를 야기하는)로부터 자유로울 것이다. 용서는 신체 건강과 정신 건강을 증진한다.

용서는 감정이 아니라 결정이다. 우리는 상처를 받은 탓에 우리의 용서가 상대방을 너무 편안하게 해 준다고 생각할 수 있다. 그러나 용서하기를 거부할 때 관계는 진전될 수 없으며, 잘못으로 인해 생겨난 정서적 장벽은 그대로 남는다. 우리는 정서적으로 멀어질 것이고, 이는 우리의 행동에 그대로 나타날 것이다. 용서하지 않음으로써 우리는 점차 상대방에게서 멀어진다. 우리에게 사과한 친구나 배우자를 용서하지 않을 때 우리는 관계의 진전을 멈추기로 결정하는 것이다. 누군가가 우리에게 잘못했을 때 받은 고통을 해결하는 데는 시간이 걸리겠지만, 언젠가는 용서하고 관계를 진전시킬지 아니면 용서하기를 거부하고 관계에 금이 간 상태로 있을지 결정해야 한다.

용서가 할 수 없는 몇 가지가 있다. 용서는 우리의 기억을 없애 주지 않는다. 당신은 "잊지 않았다면 용서한 것이 아니다"라는 말을 들어보았을 것이다. 이는 사실이 아니다. 우리에게 일어난 모든 일은 우리 뇌에 저장된다. 그리고 때로는 그 일이 무의식적인 마음에서 의식적인 마음으로 튀어 오르기도 한다. 당신은 과거에 있었던 일이 자세히 기억날 것이다. 다른 사람들이 당신에게 한 행동이 생생하게 떠오를 것이고, 그들이 상처 준 말이 귓전을 맴돌 것이다. 그런 기억들이 떠오르는 것을 억제할 수는 없다. 하지만 그로 인해 괴로워할 필요가 없다. 스스로에게 이렇게 말하라. "그래, 그런 안 좋은 일이 있었지. 하지만 난 용서하기로 했어. 이제는 관계를 회복하는 데 초점을 맞추고 싶어."

기억에는 상처와 분노, 절망 같은 강한 감정이 수반되기도 한다. 용서는 우리의 감정을 없애 주지 못한다. 상대방이 사과하고 당신이 용서했는데도 과거의 기억과 감정이 다시 떠오를 때 그 기억과 감정들을 무시하려고 하지 말라. 그러기보다는 하나님 앞으로 나아가 당신이 기억하고 느끼는 것들을 말씀드리라. 이렇게 말할 수 있을 것이다. "주님, 오늘 제 기억 속에 떠오르는 것들과 제가 느끼는 것들을 주님은 아십니다. 그렇지만 제가 그 사람을 용서한 것으로 인해 주님께 감사드립니다. 그 기억과 감정이 제 행동을 통제하지 못하도록 도와주세요. 오늘 무언가 좋은 일을 할 수 있도록 도와주세요." 그런 다음 당신이 용서한 상대방에게 다가가 사랑을 표현하라. 당신의 사랑이 그의 사랑을 자극하여 두 사람의 관계가 진전될 수 있을 것이다.

용서는 신뢰를 회복하지 못한다. 이것을 나는 남편과 아내 중 어느 한 사람이 외도를 한 부부들과 상담을 하면서 알게 되었다. 외도를 한 사람은 바람을 피운 상대방과의 관계를 정리하고 배우자에게 사과했으며, 배우자는 두 사람을 용서했다. 그러나 내 상담실에서 그 상처 받은 배우자는 이렇게 말하곤 했다. "남편(또는 아내)을 용서했지만, 솔직히 그를 신뢰하지는 않아요." 용서는 신뢰를 회복하지 못한다. 신뢰는 신뢰할 만하게 행동함으로써 얻어지는 것이다. 그래서 나는 자신의 잘못을 사과한 배우자에게 이렇게 말한다. "신뢰를 얻고 싶다면 당신의 삶을 속속들이 공개하세요. 배우자가 당신의 컴퓨터와 스마트폰, 그 밖에 당신의 삶과 관련한 모든 것을 살펴볼 수 있게 하세요." 그는 "내 삶을 속속들이 공개할게. 나는 당신에게 깊이 상처를 줬어. 다시는 당신을 속이지 않을게" 하는 식의 태도를 지녀야 한다. 그가 이 같은 접근 방식을 취하면 그의 배우자는 결국 그를 다시 신뢰하게 될 것이다.

용서로 할 수 있는 일은 다시금 신뢰가 싹틀 가능성의 문을 여는 것이다. 만약 당신의 자녀가 학교를 빼먹고 친구들과 호숫가로 놀러 간 것에 대해 당신에게 거짓말을 한다면 그가 사과를 해도 당신의 신뢰를 얻지 못할 것이다. 신뢰는 잘못을 한 사람이 점차 믿을 만한 모습을 보일 때 다시 회복되는 것이다. 이것은 성인과 십대 모두가 알아야 할 사실이다.

### 용서로 할 수 없는 것들

용서한다고 잘못된 행동의 결과가 모두 없어지는 것은 아니다. 당신의 자녀는 마약이나 술에 취한 채 운전을 하다가 사고를 낼 수도 있다. 그는 사과할 수 있고 당신은 용서할 수 있지만, 차는 파손되고 사람들은 뼈가 부러지거나 그보다 더 심한 상해를 입을 수도 있다. 십대가 그들의 잘못된 행동의 결과를 경험하게 하는 것은 교육의 한 부분이다.

많은 부모가 결과를 없애 줌으로써 자녀를 도우려 한다. 나는 부모들이 곧바로 자녀에게 새 차를 사 주고, 교통 범칙금을 대신 내 주고, 그가 잘못된 행동을 저질러 발생한 다른 모든 결과를 없애 주는 것을 보았다. 우리는 자녀를 사랑하고 또 용서하지만, 그로 하여금 잘못된 행동이 초래한 현실을 경험하게 해야 한다. 경험은 종종 가혹하지만 훌륭한 스승이다. 한 십대가 내게 말했다. "유치장에서 사흘을 보내고 나니 정신이 번쩍 들었어요. 제가 얼마나 어리석은 짓을 했는지 깨달았지요. 그때 다시는 음주 운전을 하지 않겠다고 결심했어요."

또 다른 사실은 우리는 누군가에게 우리를 용서하도록 강제할 수 없다는 것이다. 우리는 사과할 수 있지만, 상대방에게 용서할지 말지 선택할 자유를 주어야 한다. 앞에서 살펴보았듯 상대방에게 감정을 처리할 시간을 줘야 한다. 그가 깊은 상처를 받았다면 진심으로 용서할 준비가 되기까지 시간이 좀 걸릴 것이다. 곧바로 용서하지 않는다고 그를 비난하지 말라.

때로는 가족이나 다른 누군가가 우리에게 잘못을 하고도 사과하지 않을 수 있다. 그럴 때는 어떻게 해야 할까? 앞에서도 말했듯 나는 애정을 가지고 그의 잘못을 지적함으로써 그가 사과하도록 길을 터 주어야 한다고 믿는다. 우리는 그가 사과하도록 강제할 수 없지만, 그의 행동이 우리에게 깊은 상처를 주었음을 알릴 수는 있다. 만약 그가 관계를 소중히 여긴다면 머지않아 사과할 것이다. 그러면 우리는 진심으로 용서할 수 있다. 화해는 진지한 사과와 상대방을 용서하려는 확고한 결심이 있어야 가능하다.

십대에게 사과와 용서를 가르칠 때 본을 보이는 것은 말로 설명하는 것만큼이나 중요하다. 어떤 부모들은 "제가 아이에게 사과하면 아이가 저에 대한 존경심을 잃지 않을까요?"라고 묻는다. 전혀 그렇지 않다. 그는 당신을 존경하게 될 것이다. 그는 당신이 잘못했음을 이미 알고 있다. 당신의 사과는 그가 잘못했을 때 어떻게 해야 하는지를 알려 준다. 그리고 당신의 용서는 그에게 다른 사람들을 어떻게 용서해야 할 지를 알려 준다. 당신의 자녀가 사과하고 용서하는 법을 배우면 그는 좋은 관계를 쌓아 가는 데 꼭 필요한 것들 중 하나를 지니고 성인기에 들어서는 셈이다.

## 생각해 보자

1. 당신은 사과하는 법을 얼마나 잘 배웠는가? 최근에 누군가에게 사과했던 일이 있는가? 그때 상황을 말해 보라. 당신에게는 사과해야 할 누군가가 있는가?

2. 당신이 십대였을 때 부모님은 사과에 대해 무엇을 가르치셨는가? 부모님이 다르게 했더라면 좋았으리라고 생각하는 것은 무엇인가?

3. 자녀에게 의식적으로나 무의식적으로 사과에 대해 무엇을 가르쳤는가? 그가 마지막으로 당신이나 다른 누군가에게 사과한 때는 언제인가?

4. 자녀에게(또는 가족 구성원 각자에게) 『5가지 사과의 언어』를 읽게 하고 사과의 언어에 대해 토론할 마음이 있는가?

5. 당신에게 사과했으나 당신이 아직 용서할 결심이 서지 않은 누군가가 있는가? 당신이 용서할 결심을 하는 데 필요한 것은 무엇인가?




6. 당신에게 상처를 주고 아직 사과하지 않은 사람이 있는가? 당신은 애정을 가지고 그들의 잘못을 지적함으로써 그들이 사과할 수 있도록 길을 터 주었는가?

Things I Wish I'd Known
Before My Child Became
a Teenager

## 08

## 십대는
## 적절한 인도를 받을
## 필요가 있다

 나는 어린아이들이 적절한 인도를 받지 않고는 생존할 수 없음을 알고 있었다. 그리고 어린아이들의 일차적인 인도자는 대개 부모라는 것도 알고 있었다. 내가 상담을 하면서 맞닥뜨린 가장 안타까운 것 중 하나는 부모가 집에 있는 시간이 거의 없거나 자녀를 학대함으로써 이 같은 역할을 저버리는 것이었다. 그래서 나는 우리 아이들을 인도하는 데 마음을 쓰기로 했다.

 내가 예상하지 못했던 것은, 십대 시절에 부모의 인도를 받을 일이 더 늘어난다는 것이다. 아이들이 열세 살 미만일 때는 잘못된 결정을 할 일이 거의 없다. 부모가 설정해 놓은 행동반경 안에서 생활하기 때문이다. 그러나 십대가 되면 기회의 세계가 폭발하고, 따라서 인생을 좌우할 만한 결정을 내릴 가능성도 그만큼 늘어난다.

그런 결정 중에는 긍정적인 것도 있다. 우리 딸은 일찌감치 의사가 되기로 마음먹었다. 그래서 고등학교 때 라틴어 수업과 다양한 과학 수업을 들었고, 이는 의대 진학에 많은 도움이 되었다. 그러나 십대들이 하는 결정 중 일부는 그리 바람직하지 못하다. 그렇다. 십대 시절에는 어렸을 때보다 부모의 인도가 더 많이 필요하다. 부모로서 우리가 바라는 것은 자녀들이 지금이나 나중에 성인이 되어서 더 나은 세상을 만드는 데 그들의 잠재력을 발휘하는 것이다. 부모의 인도는 자녀가 이 같은 꿈이 실현하도록 돕는 데 중요한 역할을 한다.

우리의 목표는 자녀의 결정을 통제하거나 그들을 대신하여 결정하는 데 있지 않다. 우리의 목표는 그들이 현명한 결정을 내리도록 돕는 데 있다. 또래 집단의 압력에 관한 이야기들이 많이 들려오지만, 연구에 따르면 십대의 결정에 가장 큰 영향을 미치는 사람은 부모다. 이 같은 부모의 영향이 긍정적일지 부정적일지는 2가지 요소에 달렸다. 하나는 부모와 자녀의 관계고, 다른 하나는 부모의 도덕성이다. 만약 부모가 자신의 도덕적 신념에 따라 살지 않는다면 자녀는 부모의 조언에 귀 기울이지 않을 것이다. 부모의 신념과 실생활의 차이가 클수록 자녀는 부모를 존경하기 힘들다. 이런 부모가 새로 설 수 있는 출발점은 7장에서 다루었던 진실한 사과와 행동의 변화일 것이다.

### 사랑하고 본을 보이고 가르치라

부모가 정서적, 정신적, 영적으로 건강하다면 초점은 자녀와 애정 어린 관계를 쌓아 가는 데 맞춰져야 한다. 십대는 부모에게 깊이 사랑받는다고 느낄 때 부모의 모범과 조언에 강한 영향을 받는다. 부모가 자신이 바라는 것을 강요하지 않고 자녀에게 가장 좋은 것을 원한다고 믿을 때 자녀는 부모의 요청이나 제안을 더 쉽게 받아들인다. 3장에서 논한 것처럼 부모가 자녀의 사랑의 언어를 꾸준히 구사한다면 그들 사이에 정서적 유대가 잘 형성될 것이다. 5장에서 논한 질문하기와 공감적 경청이라는 사회적 관계 형성의 기술도 자녀가 인정받고, 이해받고, 존중받고 있다고 느끼는 데 도움이 될 것이다.

부모의 인도는 자녀가 현명한 결정을 내리도록 본을 보이고 가르치는 것과 관련이 있다. 모든 결정에는 결과가 따른다. 각자는 자신의 결정이 초래한 결과를 살아 내야 한다. 대부분의 십대는 이를 깊이 깨닫지 못하고 충동에 이끌리는 경향이 있다. 재미있어 보이거나 친구들이 하는 것에 '한번 해 보자'는 식의 태도를 보이는 것이다.

부모들은 잘못된 결정의 결과를 보여 주기 위해 자신의 경험담을 들려줄 수 있다. 폐암에 걸린 한 아버지가 십대 아들에게 이렇게 말한 기억이 난다. "가장 후회되는 것 중 하나는 내가 열네 살 때 담배를 피우기 시작했다는 거야. 그래서 폐암에 걸렸지. 너는 나보다 더 현명하게 행동했으면 좋겠구나." 그러자 아들이 말했다. "아빠가 젊었을 때는 사람들이 흡연이 폐암을 유발한다는 사실을 몰랐을 때잖아요. 지금 우리는 알고 있고요. 제가 담배를 피울까 봐 걱정하실 필요 없어요. 아빠, 사랑해요." 아버지는 나중에 내게 말했다. "그건 결코 잊을 수 없는 대화였어요." 십대는 부모의 잘못된 결정을 보고 배울 수 있지만, 부모가 자신의 결정이 잘못되었음을 인정할 때 더 강한 메시지를 받는다.

부모는 또한 다른 십대들의 잘못된 결정이 초래한 고통스러운 결과에 주목하게 할 수 있다. 한 십대가 음주 운전을 한 탓에 누군가가 사망한 기사를 자녀에게 보여 주라. 그냥 이렇게 말하라. "이걸 좀 읽어 보렴. 참 안타까운 일이야. 이 청년이 어떻게 느낄지 상상이 돼?" 혹은 자녀와 함께 뉴스를 보다가 끔찍한 사고나 범죄 행위에 관한 보도를 접할 때 이렇게 말하라. "안타깝구나. 저 한 번의 결정이 그의 인생을 완전히 망가뜨렸어." 그 청년이 얼마나 어리석었는지 장광설을 늘어놓거나 자녀에게 절대 그런 짓을 하지 말라고 경고할 필요가 없다. 당신이 설교하지 않아도 그들은 사건의 메시지를 이해한다.

## '한번 해 보자'는 식의 태도에 내포된 위험성

현 사회에서 십대에게 부모의 인도가 필요한 분야 중 하나는 오피오

이드,[1] 알코올, 마리화나, 담배, 전자담배 등의 유혹과 관련한 것이다. 많은 또래 친구가 당신의 자녀에게 이런 것들을 한번 해 보라고 권할 것이다. 연구 결과에 의하면 술이나 마약에 의존하는 성인 대부분이 십대 시절에 술과 마약을 시작했다고 한다. 그들은 중독자가 되려고 의도하지 않았다. 그저 즐기고 싶었을 뿐이다. 나는 십대 시절에 술과 마약을 하지 않기로 결심한 성인들 중에 이 같은 결정을 후회하는 사람을 본 적이 없다. 반면 십대 시절에 한번 해 보기로 마음먹은 뒤 나중에 깊이 후회하는 성인들은 부지기수였다.

자녀에게 조사를 맡길 수도 있다. 조사를 의뢰할 때는 조사원에게 보수를 주어야 한다는 사실을 기억하라. 자녀에게 인터넷에서 특정 마약(마리화나, 코카인, 오피오이드 등)이 인체에 미치는 부정적인 영향을 조사하게 했다면, 시간당 보수를 지급하고 보고서를 제출하게 하라. 아니면 자녀와 당신이 각자 조사를 한 뒤 누가 더 많은 정보를 찾았는지 보기로 할 수도 있다. 열세 살이면 이 프로젝트를 하기에 이상적인 나이다. 십대가 진실에 더 빨리 노출될수록 그는 더 현명한 결정을 내리게 될 것이다. 혹은 인터넷에서 작년 한 해 동안 마약이나 술에 취한 운전자들이 낸 교통사고로 사망한 사람들의 숫자를 찾아볼 수도 있다.

확실히 술과 마약에 대한 시각은 부모에 따라 다르다. 어떤 부모는 그들 자신이 중독자고, 어떤 부모는 술과 마약을 조금씩 한다. 당신은 자녀가 당신을 본받기를 원하는가? 이 질문에 대한 답이 "그렇다"이면 당신은 그들을 그 방향으로 인도할 것이다. 이 질문에 대한 답이 "아니다"라면 아마도 출발점은 당신의 행동을 바꾸는 것이 될 것이다.

나는 늘 십대에게 스물다섯 살이 되기 전에는 마약이나 술, 담배를 하지 말라고 말해 왔다. 이는 스물다섯 살이 되기 전에는 인간의 뇌가 완전히 발달하지 않는다는 연구 결과에 따른 것이다. 사람이 스물다섯 살이 되기 전까지 마약이나 술, 담배를 하지 않는다면 그는 스물다섯 살 이후에 현명한 결정을 내리게 될 것이다. 왜 뇌가 완전히 발달하기도 전에 뇌를 엉망으로 만들려고 하는가? 건강한 뇌는 고등학교 시절이나 대학교 때 그리고 커리어를 시작할 때도 크나큰 자산이다.

## 십대와 성 그리고 부모의 인도

성교육은 어린아이가 십대가 되기 한참 전부터 가정에서 시작하는 것이 바람직하다. 만약 그렇게 해 왔다면 부모는 이미 형성된 기초 위에 필요한 것들을 조금 더 쌓아 가기만 하면 된다. 그러나 자녀가 십대일 경우, 부모는 이 주제를 모른 체해서는 안 된다. 성에 관한 현대 사회의 목소리는 극도로 왜곡되었다. 십대에게는 이 분야에서 당신의 인도가 절실히 필요하다. 어떤 부모들은 어디서부터 시작해야 할지 몰라 난감해한다. 그러나 당신이 다른 주제에 대한 자녀의 질문에 기꺼이 귀를 기울여 왔다면 그들은 성과 관련해서도 질문을 하려고 할 것이다. 이것이 성을 주제로 한 대화를 시작하는 가장 자연스러운 방법이다. 그러나 만약 자녀가 질문을 하지 않는다면, 부모가 그들의 주의를 이 주제로 향하게 해야 한다.

가장 쉬운 방법은 당신의 시각과 일치하는 방식으로 성을 다룬 책을 자녀에게 건네는 것이다(이는 당신이 먼저 그 책을 읽어 봐야 함을 의미한다). 자녀에게 책을 읽고 나서 그 책이 도움이 되었는지 알려 달라고 말하라. 이것이 큰 부담 없이 성에 관한 대화를 시작할 수 있는 방법이다.

당신에게 십대 아들이 있다면 클래런스 슐러(Clarence Shuler) 박사와 내가 공저한 『위대한 선택: 용감한 젊은이들의 11가지 현명한 결정』(*Choose Greatness: 11 Wise Decisions That Brave Young Men Make*)도 함께 읽게 하면 좋을 것이다. 이 책은 성에 대해서뿐만 아니라 그 밖의 10가지 주제를 다룬다. 아버지와 아들이 이 책을 읽으면서 각 장 말미의 질문들로 토론하다 보면 의미 있는 대화를 나눌 수 있을 것이다.

자녀가 성과 관련하여 현명한 결정을 내리도록 돕는 것은 대단히 중요하다. 내가 상담을 하면서 맞닥뜨리는 가장 안타까운 일 중 하나는 십대 자녀를 둔 부모에게서 딸이 임신을 했다거나 아들이 성병에 걸렸다는 이야기를 듣는 것이다. 당신의 자녀가 성을 이해하는 데는 당신의 인도가 필요하다. 이 주제에 관해 개방적이고 솔직하게 대화를 나눈다면 자녀가 현명한 결정을 내리는 데 도움이 될 것이다. 우리는 자녀의 행동을 통제할 수 없지만, 그들이 모든 결정에는 결과가 따른다는 것을 이해하도록 도울 수는 있다. 이를 이해하는 것은 그들이 현명한 결정을 내리는 데 도움이 될 것이다.

## 타인에 대한 존중

십대는 어른들, 특히 교사나 코치, 조부모, 스쿨버스 운전기사 등 평소에 자주 보는 어른들을 존중하는 것을 배워야 한다. 많은 교사가 학생들의 무례를 가장 큰 문제로 꼽는다. 교사들은 교실에서 질서를 유지하는 것만도 큰일이다. 코치들은 좀 더 존중을 받는데, 그것은 아마도 코치의 지시를 어겼다가는 팀에서 쫓겨날 수 있음을 학생들이 알기 때문일 것이다. 많은 스쿨버스 운전기사 또한 버스에서 일어나는 불미스러운 일들에 대해 부모와 학교장에게 보고해 온다. 그리고 많은 조부모가 이렇게 말한다. "손주들이 우리 집에 오면 어찌나 규칙을 무시하는지, 그들을 오게 하는 게 망설여진다니까요."

물론 때로는 파괴적인 결과를 초래할 정도로 권위를 남용하는 교사와 코치, 종교 지도자도 있다. 그렇지만 진정으로 사람들을 돕고자 하는 마음에서 그 자리에 있는 이들의 존재도 간과할 수 없다.

우리 사회에서 타인을 존중하는 문화가 희미해져 가는 이유는 무엇일까? 나는 그 주된 원인이 자녀를 인도하는 데 실패한 부모에게 있다고 믿는다. 집에 있는 시간이 거의 없거나 자녀를 학대하는 아버지들은 타인을 존중하는 것과 관련해 자녀에게 아무런 본을 보이지 못한다. 이런 십대들은 사랑받지 못하며 거부당한다고 느끼기 때문에 분노로 가득 차 있다. 나는 홀로 자녀를 키우는 싱글맘들에게 깊이 공감한다. 이 어머니들에게는 자녀에게 아버지 역할을 해 줄 사람을 찾아볼 것을 권한다. 그리고 어린이와 십대를 위한 교실을 운영하는 교회나 시민 단체를 알아볼 것을 권한다. 모든 사람을 존중하는 것은 모든 사람이 똑같이 귀하다는 믿음에 기초한다. 자신이 존중받고자 하는 대로 다른 사람들을 존중하는 것은 모든 십대가 배워야 할 교훈이다.

부모로서 당신은 타인을 존중하는 것과 관련하여 어떤 본을 보이고 있는가? 부모가 다른 인종이나 문화, 혹은 특정 직업을 비하하는 것은 자녀에게도 같은 행동을 할 자유를 준다. 우리 모두는 우리가 성장한 가정과 문화의 영향을 받는다. 따라서 우리는 역사적으로 특정 집단에 대한 부정적인 태도를 발전시켜 왔을 수도 있다. 성인으로서 우리는 과거로부터 이어져 온 태도를 평가해야 한다. 그렇게 함으로써 다른 사람들에 대한 우리의 생각이 변하고, 그리하여 그들을 대하는 태도도 달라지게 될 것이다.

타인에 대한 존중을 가르치는 또 다른 방법은 십대가 그들의 부모나 그 밖의 다른 식구들을 무시하는 태도를 보일 때 말로써 이를 바로

잡아 주는 것이다. 십대가 들어야 할 메시지는 "모든 식구가 다 소중하며, 우리는 서로를 존중한다"는 것이다. 자녀가 다른 식구들을 존중하지 않을 때는 적절한 조치를 취해야 한다. 가족들이 서로를 존중하는 분위기가 형성될 때 십대는 다른 사람들을 존중하는 최초의 그리고 가장 기본적인 교훈을 배우게 된다.

자녀가 교사나 다른 누군가에게 무례한 태도를 보인 것을 알게 되었을 때 부모는 애정에 기초하면서도 확고한 조치를 취해야 한다. 성인이든 십대든 사람은 누구나 천성적으로 자기중심적이다. 우리는 우리와 다른 사람들을 판단하는 경향이 있으며, 다른 사람이 우리에게 명령하는 것을 싫어한다. 다른 사람이 우리를 통제하려 한다고 느낄 때 우리는 반발한다. 그리고 그러한 반발심에서 종종 상대방과 우리 자신에게 상처가 되는 행동을 한다. 그러나 분노를 다스리고 우리에게 잘못한 사람에게 친절하고 솔직하게 말하는 편이 문제를 더 만족스럽게 해결할 수 있을 것이다. 타인에 대한 존중을 배우는 것은 성인과 십대 모두에게 중요하다.

앞서 언급한 『위대한 선택』에서 우리는 십대가 내릴 수많은 결정(그들의 삶을 더 좋게도 하고 더 나쁘게도 하는)에 대해 논하고, 결정을 내리기 전에 자문해 보아야 할 12가지 질문을 제시했다. 당신이 자녀와 나누고 싶어 할지도 모른다는 생각에 여기 그 질문들을 적어 보았다.

- 이 결정은 내 건강에 부정적 영향을 줄까, 긍정적 영향을 줄까?
- 이 결정은 명료하게 사고하는 능력에 어떤 영향을 미칠까?
- 이 결정은 부모님이나 나를 사랑하는 다른 어른들에게 어떤 영향을 미칠까?
- 이 결정은 법에 저촉되는가?
- 이 결정은 윤리적으로 옳은가, 그른가?
- 이 결정은 내 형제자매에게 어떤 영향을 미칠까?
- 다른 사람들 때문에 내가 원하지도 않는 일을 하려는 것인가?
- 다른 사람들의 압력에 굴복하지 않고 내가 옳다고 여기는 것을 옹호할 것인가?
- 이 결정은 내가 장래에 받을 교육에 어떤 영향을 미칠까?
- 이 결정은 내가 하나님에 대해 믿는 것과 일치하는가?
- 이 결정을 내린 것을 5년 뒤에도 잘한 일이라고 생각할까?
- 이 결정은 내가 되고자 하는 사람이 되는 데 도움이 될까?

십대에게는 적절한 인도가 필요하고, 그들이 현명한 결정을 내리도록 돕는 데 부모는 가장 큰 영향을 미친다. 십대가 잘못된 결정을 하면 비록 우리는 그들을 사랑하지만 그들이 그 결정의 결과를 경험하게 해야 한다. 때로는 경험이 최고의 스승이다. 현명한 결정을 내리는 법을 배운 십대는 성인이 되어서도 결정을 잘 내릴 수 있을 것이다.

## 생각해 보자

1. 당신이 십대였을 때 부모님은 당신이 결정을 내릴 때 어떤 영향을 미쳤는가? 당신은 어떤 식으로 부모님을 따라 하고 싶은가? 혹은 어떤 식으로 부모님과 다르게 하고 싶은가?

2. 당신은 자녀와 얼마나 건강한 관계를 유지하고 있다고 생각하는가? 자녀와의 관계를 더 좋게 하기 위해 어떤 단계를 밟을 수 있을까?

3. 자녀의 사랑의 언어를 아는가? 그리고 이를 꾸준히 사용하는가?

4. 자녀가 말하려고 할 때 온전히 주의를 집중하는가? 그리고 자녀의 말에 동의하지 않을 때도 그들의 생각과 감정을 인정해 주는가?

5. 당신의 자녀가 당신의 인도를 가장 필요로 하는 영역은 어느 영역인가?

6. 이 장에서 가장 도움이 된 내용은 무엇인가?

Things I Wish I'd Known
Before My Child Became
a Teenager

# 09

## 십대는
## 봉사하는 태도를
## 배울 필요가 있다

은행에 갔더니 창구 직원이 미소 지으며 말했다. "무엇을 도와드릴까요?" 내가 대답했다. "그냥 예금을 좀 하려고요." 거래를 마친 뒤 창구 직원은 "즐거운 오후 보내시기 바랍니다"라고 말했다. 나는 "당신도요"라고 대답했다. 은행에서 나온 뒤 소포를 부치러 우체국으로 갔다. 줄을 서서 기다린 끝에 내 차례가 되었다. 우체국 직원은 아무 말도 하지 않았다. 나는 "소포를 부치려고 하는데요"라고 말했다. 우체국 직원은 여전히 아무 말도 하지 않은 채 물건을 건네받아 무게를 쟀다. "9달러 78센트요." 그의 말에 나는 10달러를 건넸고, 그는 거스름돈을 주었다. 내가 "감사합니다"라고 말하자 그는 고개를 끄덕였다. 두 직원의 차이가 회사 방침에 따른 것인지 아니면 한 사람은 타인에게 봉사하는 기쁨을 가르쳐 주신 부모님이 계시고 다른 한 사람은 그런 부모님이 안 계신 데 있는지 알 수 없었다. 하지만 우리 아이들이 어떤 사람을 닮았으면 좋겠는지는 알 수 있었다.

인생에서 가장 큰 기쁨 중 하나는 다른 사람들을 섬기는 일이다. 알베르트 슈바이처 박사는 자신의 삶을 돈을 버는 일에 바치지 않고 아프리카의 병든 사람들을 돕는 일에 바쳤다. 말년에 노벨평화상을 받은 그는 이렇게 말했다고 한다. "여러분 중 진정으로 행복한 사람은 다른 사람들을 섬길 방법을 찾은 사람뿐일 겁니다." 이는 경험에서 우러난 말이다. 자기중심적인 삶을 사는 사람 중에는 진정한 행복을 찾은 사람이 거의 없지만, 봉사하는 태도를 지닌 사람들은 깊은 만족을 발견한다.

많은 사람이 역사상 가장 큰 영향을 미친 사람이 나사렛 예수라는 데 동의할 것이다. 예수님의 생애에 대해 읽어 보면 그분의 삶이 다른 사람들을 섬기는 삶이었음을 발견하게 된다. "인자가 온 것은 섬김을 받으려 함이 아니라 도리어 섬기려 하고."[1] 예수님은 제자들에게 "내가 너희를 사랑한 것 같이 너희도 서로 사랑하라"[2]고 말씀하셨다.

예수님을 따르는 사람들은 그분의 삶의 방식을 모방하는 정도만큼 세상에 긍정적인 영향을 미칠 것이다. 어린아이들은 봉사하는 태도를 지니고 태어나지 않는다. 우리는 천성적으로 자기중심적이다. 만약 우리가 본성대로 살아간다면 스스로를 보살피려 할 것이고 다른 사람들도 우리처럼 하기를 바랄 것이다. 그러나 봉사하는 태도를 지니고 있다면 자신을 돌보는 것은 물론, 다른 사람들도 도우려 할 것이다. 이 같은 삶의 방식은 부와 지위와 명예를 가져다줄 테지만, 그들은 이런 것들도 다른 사람들을 섬기는 데 사용할 것이다. 봉사하는 삶을 택한 사람들은 부나 지위를 바라지 않을 것이다. 그들은 인생의 참된 의미는 이러한 것들에 있지 않고 헌신적으로 다른 사람들을 섬기는 데 있음을 깨달은 이들이다.

## 받는 사람이 되지 말고 주는 사람이 되라

그렇다면 어떻게 자녀에게 봉사하는 태도를 길러 줄 수 있을까? 요술 지팡이나 마법의 공식 같은 것은 없지만 나는 부모가 먼저 세상을 더 나은 곳으로 만들고 싶어 해야 한다고 믿는다. 받는 사람보다는 주는 사람이 되고 싶어 해야 하는 것이다. 부모가 이런 태도를 지니고 있다면 자녀들도 자신과 같은 태도를 지닌 사람으로 키우고 싶을 것이다. 봉사하는 태도는 들어서 아는 것이 아니라 보고 배우는 것이다. 나는 십대 시절에 아버지가 병든 이웃의 잔디를 깎아 주고 가난한 사람들에게 우리 집 텃밭에서 가꾼 채소를 가져다주신 것과 어머니가 음식을 만들어서 다른 사람들에게 가져다주신 것을 기억한다. 아버지와 어머니는 내게 다른 사람들을 섬겨야 한다고 말씀하신 적이 없지만, 나는 두 분을 보면서 저절로 봉사하는 마음가짐을 갖게 되었다.

"무엇을 도와줄까?" 이것은 십대 자녀가 다른 사람들을 섬기기를 바라는 모든 가정에서 오가야 하는 질문이다. 엄마가 아빠에게 이 질문을 하고, 아빠가 엄마에게 이 질문을 하며, 엄마 아빠가 자녀들에게 이 질문을 한다면, 조만간 자녀들은 부모에게 이 질문을 하기 시작할 것이다. 봉사하는 태도를 기르는 것은 가정에서 시작된다. 많은 엄마와 아빠가 이미 다양한 방식으로 자녀들과 서로를 섬기고 있다. 비록 그 섬김이 의무감이나 사랑에서 비롯된 것일지라도 가족들에 대한 어느 정도의 봉사 없이는 가정이 유지되지 않는다. 사랑은 감정이 아니라 태도임을 기억하라. 봉사는 사랑의 표현이며, 사랑은 가족들과 그 밖의 사람들의 삶을 풍요롭게 하고 싶어 하는 태도, 세상을 더 나은 곳으로 만들고 싶어 하는 태도다. "무엇을 도와줄까?" 또는 "어떻게 도와줄까?"라고 묻는 것은 가족들이 서로를 위한 봉사를 중시하게 하는 한 가지 방법이다.

자녀들을 데리고 외부에서 이루어지는 봉사활동에 참여하는 것은 그들이 다른 사람들을 돕는 데서 오는 만족을 발견하게 해 주는 또 다른 방법이다. 우리 아이들이 십대였을 때 내가 했던 봉사활동 중 하나는 가을에 아이들을 데리고 나가 연로한 이웃의 마당에 떨어진 낙엽을 쓰는 것이었다. 그때 우리 딸이 했던 말이 기억난다. 딸아이는 "아빠, 연세 드신 분들을 돕는 건 정말 기분 좋은 일이에요"라고 말했다. 이런 경험들은 아이들이 나중에 학교에서 친구들을 돕게 만든다. 최근에 한 부모는 내게 한 달에 한 번씩 토요일 아침에 자녀와 함께 지역사회의 푸드 뱅크에 가서 자원봉사를 한 이야기를 들려주었다. 그들은 오후에 트럭에 실어 보낼 식료품 상자를 준비하는 일을 한다고 했다. 다른 사람들을 돕는 기쁨을 알게 된 십대들은 성인이 되어서도 봉사를 생활화할 것이다.

  십대에게 봉사하는 태도를 가르치는 것은 그들 자신의 일을 최대한 활용할 수 있도록 준비시키는 것이다. 자신의 일을 사람들을 돕는 방식의 하나로 여기는 성인은 일에 대한 만족도가 훨씬 높을 것이다. 교사나 의사, 간호사 같은 직업은 확실히 다른 사람들에 대한 봉사를 중심으로 하는 직업이다. 사실 어떤 면에서는 대부분의 직업이 다른 사람들을 섬기는 일이지만, 많은 사람이 자신의 직업을 단순히 가족을 부양하기 위한 수단으로 여긴다. 봉사하는 태도를 지닌 사람이라면 자신이 하는 일이 어떻게 다른 사람들에게 도움이 되는지에 초점을 맞출 것이고, 자신의 직업에서 훨씬 깊은 만족을 발견할 것이다. 그것은 단지 직업이 아니라 소명이 될 것이다.

  얼마 전에 담요 만드는 공장에서 일하는 한 부인을 만났다. 그녀의 일은 담요 가장자리를 감침질하는 것이었다. 내가 늘 같은 일을 하는 것이 지루하지 않느냐고 묻자 그녀는 이렇게 대답했다. "아니요, 제가 감침질하는 모든 담요가 누군가를 따뜻하게 해 주리라는 것을 알기에 전혀 지루하지 않아요. 저는 제 일을 사랑한답니다." 그녀는 다른 사람들을 섬기는 기쁨을 아는 사람이었다.

십대들의 봉사하는 태도는 친구의 학교 프로젝트를 돕거나 할머니 할아버지를 위해 전구를 갈거나 교회나 학교의 청소년 그룹에서 지역사회 봉사활동을 하는 데 힘을 보태거나 하는 등의 작은 일을 통해 드러난다. 최근에 나는 한 무리의 중학생이 공터에 쌓인 쓰레기 더미를 치우는 것을 보고 크게 고무되었다. 내 생각에 부모나 다른 어른들이 십대를 위해 할 수 있는 가장 좋은 일은 다른 사람들을 섬기는 일에 그를 참여시키는 것이다. 다른 사람들을 섬기는 데서 오는 만족을 맛본 십대는 성인이 되어서도 봉사하는 태도를 지니고 살아갈 것이다.

## 십대의 선행을 칭찬하라

자녀가 이런저런 방식으로 다른 사람들을 섬기는 것을 보았을 때 부모가 그들을 칭찬하거나 그들이 얼마나 자랑스러운지를 표현한 손 편지를 써 주면 자녀가 봉사의 가치를 내면화하는 데 도움이 된다. 한 대학 신입생은 이렇게 말했다. "저희 부모님은 늘 다른 사람들을 도우셨어요. 아버지는 종종 저를 데리고 해비타트에서 하는 가난한 사람들을 위한 집 짓기 활동에 참여하셨지요. 제가 다른 사람들을 돕는 것을 좋아하게 된 것도 그 때문인 것 같아요. 지난 주말에도 대학교 친구들을 데리고 해비타트의 집 짓는 일을 도우러 갔더랬어요. 그런 일을 해 보는 게 처음인 친구들도 있었는데, 한 친구는 '이건 프리스비[3] 던지기보다 더 재미있는걸'이라고 말했어요. 주중에는 아버지로부터 제가 참으로 자랑스럽다는 내용의 카드를 받았답니다." 학교 성적뿐만 아니라 '다른 사람들을 위한 봉사'를 인정해 주고 칭찬해 주는 부모는 자녀에게 세상을 더 낫게 변화시키는 법을 가르치는 셈이다. 더 많은 대학생이 이기적인 목적으로 행복을 추구하기보다는 타인을 돕는 데서 오는 기쁨을 경험할 수 있으면 좋겠다.

　자녀가 집안일을 꾸준히 하지 않는다고 화를 내는 부모는 그들을 칭찬할 기회를 놓칠 수 있다. 한 십대는 날마다 쓰레기 버리는 일을 맡았다. 어느 날, 그가 깜빡하고 쓰레기를 버리지 않자 그의 어머니가 말했다. "쓰레기를 버릴 때가 되지 않았니? 냄새가 나서 견딜 수가 없구나." 비난은 십대에게, 아니 성인에게도 동기부여가 되지 못한다. 이렇게 말하는 것은 어떤가? "쓰레기를 버려 줘서 정말 고마워. 네가 매일 저녁 쓰레기를 버려 준 덕에 다음 날 아침에 악취를 맡지 않아도 돼서 좋구나." 완벽을 요구하는 대신 그들의 수고를 인정해 주는 것이 그들이 꾸준히 그 일을 하게 하는 동기부여가 된다. 어떤 수준의 봉사든 봉사한 것에 대해 칭찬해 주면 그 봉사는 오래갈 것이다.

나는 모든 십대가 집안일의 일부를 맡아 해야 한다고 생각한다. 그리고 그 집안일은 단지 해야 할 일이 아니라 가족을 위한 봉사로 여겨져야 한다. 부모가 서로에게 고마워하고 집안일을 거든 십대에게 고마움을 표현하면, 가족을 위해 봉사하는 것이 고귀한 일임이 그에게 전달된다. 가정에서 배운 봉사의 태도는 나중에 지역사회로까지 이어질 것이다.

십대가 자신의 부모가 다른 사람들에게 친절을 베푸는 모습을 볼 때 그 십대의 삶에는 봉사의 씨앗이 뿌려지고 열매가 맺힐 것이다. 당신이 자녀와 함께 봉사활동에 참여하면 훗날 그때의 추억이 자녀에게 봉사하는 마음을 일깨워 줄 것이다. 나는 해마다 여름이 되면 교회 청소년 캠프에서 자원봉사를 하는 부모들을 많이 보아 왔다. 어떤 사람들은 주방에서 일하고 어떤 사람들은 상담가나 코치로 일한다. 그리고 이제 성인이 된 그들의 자녀가 동일한 일을 하는 것을 보아도 전혀 놀랍지 않다. 부모의 본이 자녀에게 미치는 영향은 아무리 강조해도 지나치지 않다. 자녀에게 봉사하는 태도를 길러 주는 것은 그들이 깊은 만족을 경험하는 삶을 살 수 있도록 준비시키는 것이다.

우리 부부의 수많은 결점에도 불구하고 이 부분에서만큼은 캐롤린과 내가 썩 잘해 냈다고 말하고 싶다. 우리 아이들은 막내가 대학에 입학해서 집을 떠날 때까지 매일 아침 캐롤린이 가족들을 위해 따뜻한 아침상을 차려 준 것을 결코 잊지 못할 것이다. 아침형 인간이 아닌 캐롤린에게 그 일은 마더 테레사 수준의 헌신이었다. 우리 부부는 늘 가정과 지역사회에서 봉사하는 태도를 보여 주고자 했다. 상담가라면 누구나 알겠지만 내 직업은 다른 사람들을 섬기는 데 깊이 헌신해야 하는 직업이다. 우리 부부의 가장 큰 기쁨 중 하나는 성인이 된 두 아이가 다른 사람들을 섬기며 사는 모습을 보는 것이다. 우리는 이제 대학생이 된 두 손주의 삶에서도 같은 태도를 본다. 그렇다. 인생의 가장 깊은 만족은 다른 사람들을 섬김으로써 하나님을 섬기는 데 있다.

## 생각해 보자

1. 당신은 부모님에게서 봉사하는 태도를 보았는가? 만약 그렇다면 그것은 가정과 지역사회 안에서 어떻게 표현되었는가?

2. 당신의 십대 시절을 돌이켜 볼 때 당신이 봉사하는 태도를 기르기 시작했음을 보여 주는 것은 무엇인가?

3. 당신의 봉사하는 태도에 점수를 매긴다면 10점 만점에 몇 점을 주겠는가?

4. 당신은 자신의 직업을 다른 사람들을 섬기는 수단으로 보는가? 만약 그렇다면 이는 당신이 일하는 태도에 어떤 영향을 미치는가?

5. 당신은 현재 자녀에게 봉사하는 태도를 길러 주기 위해 어떤 노력을 하고 있는가?




6. 자녀가 가족들이나 가족 이외의 다른 사람들을 섬기는 것을 본 적이 있는가? 그런 경우 당신은 어떻게 반응하는가? 당신의 반응은 자녀에게 긍정적인 영향을 미치는가, 부정적인 영향을 미치는가?




7. 이 장을 읽고 난 뒤, 전과 다르게 하고 싶은 것이 있다면 그것은 무엇인가?

Things I Wish I'd Known
Before My Child Became
a Teenager

# 10

## 십대의 정서 건강은
## 학업에 큰 영향을 미친다

우리 아이들이 십대가 되기 전부터 나는 교육의 가치를 알고 있었다. 내가 깨닫지 못한 것은 십대의 정서 건강이 학업에 영향을 미친다는 사실이었다. 이 같은 사실은 성적이 부진한 자녀를 둔 부모들과 상담하면서 더욱 분명해졌다. "우리 아들은 머리는 좋은데 열심히 하려고 하질 않아요." "아들이 학교 숙제를 진지하게 여기도록 할 방법이 없네요." "딸아이가 최선을 다하기를 바라지만 그 아이는 그냥 그럭저럭해 나가는 걸로 만족하는 것 같아요." "우리 아이는 학교에서 늘 문제를 일으켜요. 선생님을 포함한 모든 사람과 잘 지내지 못하는 것 같아요." 내게 상담을 받으러 온 부모들로부터 들어 온 말이다.

다양한 연구를 통해 알려진 바에 의하면 고등학교에서 잘해 나가는 학생들이 잘해 나가지 못하거나 학교를 자퇴한 학생들보다 성공적인 삶을 살아간다. 이런 아이들은 대학 입시에 성공할 확률이 더 높다. 학업의 성공은 더 나은 직장과 더 높은 연봉, 더 많은 기회와 더 나은 신체 건강으로 이끈다. 우리는 양질의 교육이 경제적 안정과 사회적 평등을 가져올 뿐만 아니라 시민 참여 의식을 높이고 범죄와 빈곤을 줄인다는 것을 안다. 대부분의 부모는 자녀들이 교육의 기회를 최대한 활용하기를 원한다. 그러나 많은 십대가 학업 면에서 그들의 잠재력을 발휘하지 못한다.

학교에서 잘해 나가지 못하는 십대들을 생각할 때 우리는 종종 그 이유가 지나친 음주나 마약, 불량배들과의 어울림, 정신 건강상의 문제에 있다고 생각한다. 그러나 내가 발견한 바에 따르면 문제의 근원은 종종 충족되지 않은 정서적 욕구에 있다. 오늘날의 고도로 분열된 사회에서 많은 십대가 부모의 이혼을 경험한다. 싱글맘과 같이 살면서 아버지의 얼굴도 모르는 십대도 많고 언어적, 신체적 학대를 일삼는 부모 때문에 위탁 가정을 전전하는 아이도 많다. 이런 아이들이 버림받았다고 느끼는 이유를 알기는 어렵지 않다. 그러나 안정적인 가정에서 성장했으면서도 학업 성적이 부진한 십대들은 어떻게 설명할 것인가? 주의력결핍과잉행동장애(ADHD)나 난독증, 난산증[1] 같은 학습 장애 문제를 가벼이 여기는 것이 아니다. 다만 이런 문제는 특수학교에서 다루고 있으므로, 나는 여기서 많은 학생이 학교에서 잘해 나가지 못하는 정서적 이유에 초점을 맞추고 싶다. 십대의 기본적인 정서적 욕구가 충족되지 않을 때 이는 그들의 학습 능력과 교육 목표에 도달하고자 하는 동기에 큰 영향을 미친다. 그렇다면 이 정서적 욕구는 무엇이고, 어떻게 하면 십대들이 이 욕구를 충족시키도록 도울 수 있을까?

3장에서 우리는 십대의 가장 기본적인 정서적 욕구인 사랑받고자 하는 욕구에 대해 논했다. 이 주제에 한 장(章)을 할애한 것도 정서적 욕구의 충족이 그만큼 중요하기 때문이다. 부모가 자녀의 주된 사랑의 언어를 알고 이를 정기적으로 사용하면 자녀가 이런 깊은 정서적 욕구를 충족시키는 데 도움이 될 것이다. 이 장에서는 십대의 또 다른 기본적인 정서적 욕구들에 초점을 맞추고자 한다.

## 소속의 욕구

십대는 소속의 욕구가 매우 크다. 소속의 욕구는 십대로 하여금 파벌을 형성하고, 클럽에 가입하고, 때로는 불량배들과 어울리게도 하는 정서적 욕구다. 십대는 받아들여지기를 원하고, 사람들이 좋아해 주기를 원한다. 십대는 온라인상의 괴롭힘으로 인해 내면이 황폐해질 수도 있다. 자신이 친구로 여기는 아이들이 자신의 온라인 포스트에 댓글을 남기지 않으면 거절당했다고 느낀다. 소속의 욕구를 충족해 줄 가장 자연스러운 곳은 가정이다. 이것이 가정의 가장 핵심적인 기능이다. 모든 이가 소속되어 있고, 모든 이가 중요하며, 모든 이가 받아들여진다. 이런 상태가 건강한 가정의 표시다.

그러나 이혼으로 인해, 혹은 집에 있는 시간이 거의 없거나 학대하는 부모로 인해 금이 간 가정의 경우 소속감은 증발한다. 한 십대는 "아빠는 저를 사랑한다고 했으면서도 우리를 떠났고, 저는 2년 동안 아빠를 보지 못했어요"라고 말했다. 이것은 그가 부진한 성적 때문에 상담교사와 대화를 나누다가 한 말이다. 그의 내면세계가 크게 요동쳤고, 그는 아버지에게서 버림받았다고 느꼈다. 내가 이혼한 부부에게 한마디 할 수 있다면 이렇게 말해 주고 싶다. "자녀와 정서적으로 연결되어 있으세요. 자녀는 자신이 여전히 당신에게 소중한 사람이고 당신이 자신을 진심으로 사랑한다고 느끼기를 간절히 원합니다. 만약 당신이 이혼 전에 자녀를 언어적으로나 신체적으로 학대했다면 상담을 받고 문제를 해결하세요. 그리고 자녀에게 당신의 파괴적인 행동에 대해 사과하고 다시 사랑의 관계를 쌓아 가도록 하세요."

십대가 애정과 소속감을 느끼는 가정환경을 만들어 주기 위해 부모가 무엇을 할 수 있을까? 한 가지 방법은 앞서 살펴본 것처럼 그들의 주된 사랑의 언어를 정기적으로 구사하는 것이다. 부모에게 사랑받고 있다고 느끼는 십대는 소속감을 경험할 확률이 훨씬 높다. 혹은 부모가 말로 소속감을 강조할 수도 있다. 서로에 대한 가족의 헌신에 대해 공개적으로 이야기하라. 가족회의에서나 저녁 식탁에서 이렇게 말하라. "모두 우리가 서로를 위해 여기 있다는 걸 알고 있지? 우리가 늘 모든 것에 동의할 수는 없겠지만 우리는 한 가족이고, 가족은 늘 함께여야 하는 거야. 모두 동의하지?" 그런 다음 자녀들이 각자 자기 생각을 말하게 하라. 가족에 속한다는 개념과 그 의미에 대해 공개적으로 토론하는 것은 자녀들이 안전하며 존중받고 있다고 느끼는 데 도움이 된다. 물론 그 자리에서 가족의 의미에 대해 한 말은 우리의 말과 행동으로 뒷받침되어야 한다.

5장에서 논한 '질문하기'와 '경청하기' 같은 사회적 관계 형성의 기술은 십대에게 그들이 소중한 존재임을 보여 주는 중요한 수단이다. 십대에게 의견을 구하고 그들이 말하는 동안 온전히 주의를 기울일 때 우리는 그들의 생각과 아이디어를 중시한다는 것을 보여 주며, 이는 그들의 소속감을 높인다. 그들은 가족 구성원으로서 가치를 인정받았다고 느낀다. 반대로 우리가 그들을 대화에 끼워 주지 않을 때 그들은 자신의 아이디어가 우리에게 중요하지 않다는 느낌을 받는다. 이는 우리가 늘 그들의 아이디어에 동의해야 한다는 뜻은 아니다. 우리는 부모로서 최선의 결정을 내릴 책임이 있지만, 그 과정에서 자녀의 의견을 구한다면 우리가 가족 내에서 그들의 역할을 중요하게 생각하고 있음이 전달된다.

가족으로서 무언가를 함께하는 것 또한 가족 간의 정서적 유대 형성에 도움이 된다. 자녀가 무엇에 관심이 있느냐에 따라 빵을 만들거나 집을 수리하거나 박물관이나 유적지, 국립공원 등을 탐방하거나 연극이나 음악회, 스포츠 경기를 관람하는 것은 모두 일체감을 형성하는 방법이다. 이런 경험에 대한 추억은 십대에게 성인기까지 이어질 소속감을 심어 준다. 가족의 일원으로서 느끼는 소속감은 자녀가 불량배들과 어울리는 것을 막아 줄 뿐만 아니라 학교생활을 진지하게 받아들이고 그들의 삶을 최대한으로 누릴 수 있게 해 줄 것이다.

### 자기 확신의 욕구

자기 자신이나 자신의 능력에 대해 좋게 느끼지 않는 십대는 학업에 몰두하기가 쉽지 않다. 자기 확신은 자신이 다른 사람들보다 더 낫다고 여기는 것을 의미하지 않는다. 그보다는 오히려 스스로에 대해 좋게 느끼는 것이라고 할 수 있다. 자기 확신은 십대에게 새로운 것을 시도해 보고, 잘 알지는 못해도 더 많이 알고 싶은 것들을 배울 용기를 준다. 그들은 스스로를 좋게 느끼기 위해 다른 사람들처럼 되려고 하지 않는다. 그보다는 자신이 가치 있게 여기는 목표에 도달하기 위해 흥미와 능력을 개발하고자 한다.

십대의 자기 확신은 다른 사람들이 그에 대해 하는 말에 큰 영향을 받는다. 나는 고등학교 때는 성적이 안 좋았지만 대학에 진학한 후 뛰어난 성적을 거둔 한 청년을 기억한다. 그런 갑작스러운 변화가 궁금했는데, 그와 대화를 나누다가 그 이유를 알게 되었다. 중학교 시절, 시험 성적이 안 좋게 나오자 선생님은 그에게 "너는 네 누나처럼 좋은 학생은 아닌 것 같구나"라고 말했다.

이런 말은 지극히 부정적인 영향을 미친다. 그는 이렇게 말했다. "저는 노력하는 것을 그만뒀어요. 제가 좋은 학생이 아니라면 공부하느라 시간 낭비할 이유가 없었으니까요. 저는 야구를 좋아했고, 그래서 야구에 전념했어요."(그는 고등학교 시절에 뛰어난 야구선수였다)

"하지만 대학에 간 후 그 모든 변화는 어떻게 된 거죠?" 내가 물었다.

"철학 수업을 들었는데, 정말 좋았어요. 저는 열심히 공부했고, A 학점을 받았답니다. 어쩌면 제가 좋은 학생일지도 모른다는 생각이 들었어요. 그래서 열심히 공부하기 시작했어요. 그 후로는 줄곧 좋은 성적을 유지했지요."

교사가 무심코 내뱉은 한마디가 그에게 자신은 좋은 학생이 아니라는 생각을 심었고, 한 번의 긍정적인 경험이 그런 생각을 뒤집었다.

격려의 말은 십대가 스스로를 확신하는 데 대단히 중요하다. 부모와 그 밖의 중요한 어른들은 때때로 말의 힘을 이해하는 데 실패한다. 비난하는 말은 무능감을 전달하고, 인정하는 말은 자기 확신의 느낌을 북돋는다. 성공한 많은 사람이 "부모님은 제가 마음만 먹으면 인생에서 원하는 것은 무엇이든 다 할 수 있다고 말씀하셨어요"라고 말할 것이다. 그 메시지가 그들로 하여금 다른 관심 분야뿐 아니라 학업에도 힘쓰게 했다. 자기 확신이 있는 십대는 다른 일들뿐만 아니라 학교 공부도 잘해 나갈 것이다.

  자녀가 목표를 이루도록 돕기 위해 부모가 시간과 에너지를 투자하는 것은 자녀의 자기 확신을 키워 주는 또 다른 방법이다. 요리를 배우는 데 관심이 있는 십대는 시간을 내어 그에게 요리를 가르치는 부모로부터 자기 확신을 배우고 키워 나갈 것이다. 이는 스포츠나 음악, 목공, 기술, 미술 등 십대가 관심을 보이는 다른 어떤 분야에서도 마찬가지다. 자녀의 노력이 성공을 거두도록 당신이 많이 도우면 도울수록 자녀의 자기 확신은 더 커질 것이다. 성취감은 자아 존중감을 낳고, 이는 자녀가 교육 환경에서도 잘해 나가는 데 큰 도움이 된다.

### 이해받고자 하는 욕구

  현시대의 문화는 극도로 혼란스럽다. 천 가지 목소리가 거의 모든 것에 대해 천 가지 견해를 쏟아 낸다. 십대는 이 모든 것을 이해하려 애쓰고, 그중 무엇을 믿으며 살고 무엇을 할지를 결정하려 애쓴다. 그리고 그 과정에서 종종 부모의 신념과는 다른 아이디어들을 받아들이기도 한다. 현명한 부모라면 그들이 그런 생각을 한다고 나무라지 않고 끝까지 그들의 생각을 들어 줄 것이다. 자녀의 생각과 감정을 이해하려는 마음으로 주의 깊게 듣고 질문할 것이다. 말을 들어 보지도 않고 자녀의 아이디어를 비난하면서 그를 밀어내면 그는 이해받지 못한다고 느낄 것이다. 시간을 내어 자녀의 말에 귀 기울이면 계속해서 대화할 수 있는 길이 열린다.

성인인 우리도 이해받기를 원한다. 우리가 친구들이나 가족과 아이디어를 나누는 이유다. 우리는 사회적 동물이고, 대화를 통해 관계를 형성한다. 서로의 말을 경청하기보다는 반대 의견을 가진 사람들을 비난하고 험담하는 문화에서 십대는 대화의 본보기를 찾기가 쉽지 않다. 따라서 공감적 경청의 본을 보이는 데 부모의 역할이 더욱 중요해졌다. 한 대학 신입생은 이렇게 말했다. "부모님은 늘 제 이야기를 끝까지 들어 주셨어요. 심지어 제가 말도 안 되는 아이디어들을 늘어놓을 때도요. 저는 비난받은 적은 한 번도 없고 늘 이해받고 있다는 느낌을 받아요. 부모님은 늘 제가 배움을 추구하도록, 그리고 새로운 정보를 접하면 열린 마음으로 생각을 바꾸도록 격려하세요. 제게 교육이 매우 중요한 이유 중 하나랍니다. 저는 계속해서 배워 나가고 싶어요."

늘 대화의 문이 열려 있다면 부모는 자녀가 대학에 입학한 뒤에도 그의 삶에 긍정적인 영향을 미칠 것이다. 자녀는 부모에게 이해받는다고 느낄 때 더 열린 마음으로 부모의 견해에 귀를 기울인다.

이는 우리가 자녀의 모든 아이디어에 동의해야 한다는 뜻은 아니다. 그것은 우리가 그들을 존중하고 그들의 생각과 감정을 듣는 데 열려 있어야 한다는 뜻이다. 물론 우리는 어떤 주제에 대해 우리가 어떤 견해를 지니는지, 왜 그렇게 생각하는지를 나눈다. 우리의 아이디어를 뒷받침하는 책이나 연구 자료들을 나눌 수도 있다.

우리가 자녀와 함께 계속해서 배워 나갈 수 있다면 그야말로 이상적일 것이다. 부모에게 이해받고 존중받고 있다고 느끼는 십대는 대개 학교에서 경험한 일을 부모와 나누려 할 것이다. 최근에 대학을 졸업한 한 청년은 이렇게 말했다. "부모님이 제 중고등학교 교육에 관한 대화에 저를 끼워 주셨기 때문에, 대학교를 선택할 때가 되었을 때 자유롭게 제 의견을 말씀드릴 수 있었습니다. 부모님은 최종 결정을 제가 할 수 있도록 해 주셨고, 저는 그게 감사했어요. 하지만 제겐 부모님의 통찰력과 혜안도 필요했습니다." 이것이 우리가 자녀의 이해받고자 하는 욕구를 만족시키려 할 때 그에게서 나타나기를 바라는 태도다.

## 의미와 목적을 추구하려는 욕구

솔직히 많은 사람이 성인이 된 이후에도 여전히 이 문제로 씨름한다. 일상의 이면에는 "과연 내가 더 좋은 변화를 가져오고 있는가?"라는 질문이 자리한다. 우리 미국 문화에서 우리는 이 같은 바람을 다음 질문들로 대체해 왔다. "나는 즐거운가? 행복한가? 내 삶을 즐기고 있는가? 내가 하는 일을 잘해 내고 있는가?" 이 같은 질문들에 대한 답이 긍정적이라면 우리는 자신이 선택한 길을 만족스럽게 여기며 계속해서 그 길을 걸어갈 수 있다. 그러나 답이 부정적이라면 걱정 근심과 우울, 무료함과 무기력에 빠지는 경향이 있다.

우리 문화에서 성장한 십대에게 의미와 목적을 추구하려는 욕구는 성취감과 연결되어 있다. 십대는 단지 문화적 규범을 따르는 것이다. 우리 문화에서 사람들은 성취에 대해 보상을 받는다. 운동을 잘하면 박수를 받는다. 심지어 입시를 치르지 않고도 특기생으로 대학에 입학할 수 있다. 이처럼 성취를 중시하는 사회 분위기가 많은 십대를 비디오 게임의 세계로 이끈다. 그들은 처음에는 자기 자신과 경쟁하며 기술을 향상하려 애쓰다가 나중에는 경쟁자를 이기면 기뻐하고 지면 속상해하기를 반복한다. 그러나 그 세계에서의 성취는 대학 입학으로 이어지지 않는다. 오히려 진학에 방해가 되기 십상이다.

내 말을 오해하지 말길 바란다. 나는 성취에 반대하는 것이 아니다. 성취감은 의미와 목적을 추구하고자 하는 깊은 정서적 욕구를 만족시킨다. 우리는 부모로서 자녀의 성취욕을 북돋기 원하지만, 또한 그 성취욕이 그들 자신과 문화에 도움이 되는 의미 있는 성취로 이어지길 원한다. 우리는 어떤 십대들은 불량배들과 어울리며 마약 판매의 일인

자가 되려고 경쟁적으로 마약을 판다는 것을 안다. 그들은 성취감을 느끼겠지만, 그 일은 그들 자신이나 사회에 도움이 되지 않는다.

자녀가 가치 있는 목표를 추구하도록 도우려는 부모의 시도가 빠르면 빠를수록 자녀의 성취는 더 건전해질 가능성이 높다. 학업 성취가 자녀에게 더 생산적인 미래를 가져다준다고 믿을 때 우리는 자녀가 공부에 흥미를 느끼도록 우리가 할 수 있는 모든 것을 하려고 한다. 이것은 자녀가 아직 글을 읽지 못할 때 부모가 그들에게 책을 읽어 주는 것에서 시작한다. 자녀가 좀 더 자라면 부모는 자녀에게 독서 시간을 정해 주어 자녀의 삶에서 독서가 중요해지도록 할 수 있다. 교육자들은 독서가 좋은 교육을 받기 위한 가장 기본적인 기술이라는 데 동의한다. 어떤 부모들은 자녀들이 오랜 시간 스크린을 들여다보도록 허용해 그들이 책에 흥미를 느끼고 독서 기술을 익히게 하는 데 실패한다. 거듭 말하지만, 교육자들은 '스크린에만 몰두하는 아이'는 교육 현장에서 잠재력을 발휘하지 못하리라는 것을 안다.

자녀가 독서에는 흥미가 없고 날마다 스크린 앞에서 많은 시간을 쏟고 있음을 알게 되었다면 당신은 어떻게 하겠는가? 그런 경우에는 자녀 또래의 아이들에게 좋은 책을 추천해 줄 수 있는 교사와 상담하라. 그런 다음, 좋은 책을 보여 주지 못한 것에 대해 자녀에게 사과하고 용서를 구하라. 그리고 자녀가 독서의 세계를 탐험할 수 있도록 그와 의논해 스케줄을 조정하라. 오늘날 많은 십대가 스케줄이 빡빡하다는 것을 기억하고, 독서가 또 다른 의무가 되지 않게 하라. 당신도 여가에 컴퓨터를 하거나 드라마를 몰아 보는 대신 책 읽는 모습을 보여 주라. 때로는 자녀를 데리고 좋은 독립 서점이나 지역 공공도서관에 가라.

우리는 십대들이 각기 다른 분야에 흥미를 느끼고, 종종 거기에 매우 깊은 관심을 보이는 것을 안다. 음악을 좋아하는 십대에게는 훌륭한 음악가의 전기를, 운동을 좋아하는 십대에게는 뛰어난 운동선수의 전기를 읽게 하라. 의료 분야에 관심을 보이는 십대에게는 그 길을 걸은 사람의 생애를 다룬 이야기를 읽게 하라. 공상과학소설과 판타지를 좋아하는 십대에게는 그 분야에서 가장 좋은 책을 찾도록 도와주라.

의미와 목표를 추구하려는 욕구는 단순히 개인적인 목표를 이루려는 것보다 훨씬 깊은 욕구이지만, 십대에게 이것은 좋은 출발점이다. 다음 장에서는 의미와 목표를 추구하려는 욕구와도 상관이 있는, 삶의 영적인 측면을 다루고자 한다.

십대는 정서적 욕구들이 채워지는 정도만큼 학업 면에서 성공을 거둘 것이다. 나는 얼마나 많은 부모가 정서적 욕구의 충족과 학업 성취의 상관관계를 깨닫지 못하는지를 알고 놀라지 않을 수 없었다. 많은 부모가 그 상관관계를 깨닫는 데 이 장이 도움이 되었기를 바란다.

## 생각해 보자

1. 당신의 십대 시절을 돌이켜 보라. 그때 다음의 정서적 욕구들이 얼마만큼 채워졌는지 0부터 10까지 점수를 매겨 보라.

   - 사랑받고자 하는 욕구

   - 소속의 욕구

   - 자기 확신의 욕구

   - 이해받고자 하는 욕구

   - 의미와 목적을 추구하려는 욕구

2. 십대 시절을 돌이켜 볼 때 부모님이 다르게 행동했더라면 좋았으리라고 생각하는 것은 무엇인가? 부모님에게 감사한 것은 무엇인가?

3. 당신의 자녀에 대해 생각해 보라. 그들에게 정서적 욕구들이 얼마만큼 채워졌을지 0부터 10까지 점수를 매겨 보라.

4. 당신의 자녀에게 정서적 욕구들이 얼마만큼 채워졌는지 0부터 10까지 점수를 매겨 보게 하라.

5. 개선의 여지가 있다고 생각되는 욕구가 있다면, 각각의 욕구를 충족하기 위한 제안을 다시 읽고 가장 도움이 되는 부분을 찾아보라.

6. 당신은 자녀가 학교에서 잘해 나가고 있다고 생각하는가? 그 가능성을 높이기 위해 무엇을 더 할 수 있을까?

Things I Wish I'd Known
Before My Child Became
a Teenager

# 11

# 십대에게는 영적인 면에서 지도가 필요하다

어떤 면에서 모든 사람은 영적이다. 나는 대학과 대학원에서 인류학을 공부했는데, 이를 통해 인류의 모든 문화권에서는 영의 세계를 믿는다는 것을 알았다. 믿음의 성격은 문화마다 다르지만, 믿음이 존재한다는 사실은 인류의 영적 본성을 드러내 준다. 나는 그리스도인으로서 이것이 우리가 하나님의 형상대로 빚어졌기 때문이라고 믿는다. 우리에게는 생각하고, 추론하고, 결정하고, 창조하고, 창조주이신 하나님과 관계 맺을 능력이 있다. 나는 하나님이 예수 그리스도를 통해 스스로를 계시하셨다고 믿는다. 예수님의 생애와 죽음, 부활은 그리스도교 메시지의 핵심이다.

우리가 그리스도의 제자라면 예수님을 따르는 데서 발견한 평화와 기쁨, 인생의 목적을 자녀에게 알려 주고자 할 것이다. 나는 인생에서 가장 큰 만족을 발견한 사람은 하나님께 그들의 삶을 개방하고, 용서를 선물로 받고, 다른 사람들을 섬김으로써 열매 맺는 삶을 살 수 있는 능력을 부여받은 사람이라고 믿는다.

세상에는 많은 종교가 있지만, 그 종교들이 다 진리일 수 없는 한 가지 이유가 있다. 바로 각 종교의 진리가 종종 상충한다는 것이다. 우리 문화에서 십대들은 다양한 종교에 노출된다. 그들에게는 헌신을 요구하는 많은 목소리를 걸러 내는 데 도움이 될 부모의 인도가 필요하다. 이런 현실을 방관하면서 종교적인 믿음에 대해 논하지 않는 부모는 자녀를 그에게 영향을 끼치고자 하는 다른 성인들이나 또래 집단의 영향 하에 두는 것이다. 어떤 십대들은 결국 실재를 왜곡하고 그들의 안녕에 해가 되는 삶의 방식으로 인도하는 사이비 종교에 빠진다.

## "나 자신이 종교적인 사람이 아니라면 어떻게 하나요?"

자신의 영적 여정이 만족스럽지 않은 부모에게 이것은 벅찬 과제로 생각될 수 있다. 어떤 부모는 "저 자신이 종교적인 사람이 아닌데 어떻게 아이를 돕겠어요?"라고 말했다. 또 다른 부모는 "제 아이가 저처럼 되기를 바라지는 않아요. 제가 하나님에 관한 것들을 이해하려면 누군가의 도움이 필요해요"라고 말했다. 영성에 대한 견해에 관한 한 우리 모두는 다른 누군가의 영향을 받았다. 우리는 다 큰 어른이지만 하나님을 아는 데서 오는, "영혼의 안식"이라고 누군가가 일컬은 것을 발견할 가능성을 탐색하기에 너무 늦지는 않았다.

대부분의 종교에는 한 가지 공통점이 있다. 신에게 받아들여지거나 더 높은 차원의 영적 이해에 도달하기 위해 해야 할 것들의 체계를 발전시켜 왔다는 것이 바로 그것이다. 그러나 그리스도교는 다르다. 그리스도인은 미지의 신을 추구하는 대신, 하나님이 우리와 관계 맺기를 시작하셨다고 믿는다. 창조주 하나님은 아들이신 예수 그리스도를 통해 우리에게 다가오셨다. 예수 그리스도는 보통의 인간을 훨씬 뛰어넘은 분이었다. 어느 누구도 그분과 같은 일을 할 수 없기 때문이다. 로마 병사들에게 죽임을 당하셨지만 그분은 자기 목숨을 "내게서 빼앗는 자가 있는 것이 아니라 내가 스스로 버리노라"[1]고 말씀하셨다. 예수님을 죽인 자들은 자신들이 그분의 삶을 끝냈다고 생각했지만 사실 예수님은 장사된 지 사흘 만에 죽은 자들 가운데서 살아나셔서 40여 일간 500여 명에게 모습을 드러내셨다. 자신을 믿는 모든 사람에게 예수님은 그들 또한 무덤 저편에서 그분과 함께 살리라고 말씀하셨다.

그렇다. 예수님의 가르침은 우리의 인생을 어떻게 투자하는 것이 가장 좋은지를 분명히 보여 준다. 우리는 예수님의 가르침을 따르려 하지만, 그것은 하나님께 받아들여지기 위해서가 아니다. 우리는 이미 하나님께 받아들여졌기 때문이다. 우리가 예수님의 가르침을 따르는 것은 우리의 가장 깊은 바람이 하나님을 기쁘시게 하는 것이기 때문이다. 우리는 하나님의 가르침을 따를 때 우리 삶에서 가장 위대한 선을 이룰 것을 안다. 따라서 우리는 예수님의 진정한 제자가 된다는 것이 무엇을 의미하는지를 자녀가 이해하도록 돕는 데 기꺼이 시간을 투자하고자 한다.

이 장에서는 부모가 자녀가 다른 종교들에 대해 탐색해 보도록 돕는 한편 자신들의 종교적 믿음에 대해 그와 대화를 나눌 수 있는 실제적인 방법들을 제안하고자 한다. 궁극적으로 십대는 무엇을 믿고 어떻게 살 것인지를 정해야 한다. 그가 하나님을 믿는 것은 확실히 그의 인생의 모든 면에 영향을 미칠 것이다. 나는 십대가 현명한 결정을 내리도록 인도하는 데 부모가 중요한 역할을 할 수 있다고 믿는다.

그 과정은 부모가 자신들의 믿음의 기초를 탐색하는 데서 시작한다. 우리 대부분은 부모나 그 밖의 중요한 어른들에게서 배운 종교적인 믿음을 간직한 채 성인이 되었다. 그리하여 우리는 스스로를 불자나 무슬림, 그리스도인, 무신론자 등으로 여긴다. 그 문화에서 자랐기 때문이다. 우리의 종교적인 믿음과 관련한 역사를 살펴본 적이 없는 경우가 너무나 많다. 부모가 되고 나서 우리는 이렇게 자문한다. "내가 하나님에 대해 믿는 것들을 내 아이도 믿기를 원하는가?" 이 질문에 대한 대답이 확실치 않다면 우리 믿음의 기초를 살펴보아야 할 때다.

### 일상에서 하나님 이야기를 하라

나는 대학 시절에 내 믿음의 기초를 살펴보고 그리스도교를 단지 신앙 체계로서가 아니라 하나님과의 개인적인 관계로 받아들이게 되었다. 그리고 이 같은 결정을 후회해 본 적이 없다. 내가 아내와 아이들을 사랑하고 섬기며, 다른 사람들을 섬기게 된 것은 하나님이 내 삶 가운데 역사하셨기 때문이다. 따라서 나는 내 아이들이 하나님의 사랑을 체험하고 그들의 삶에 두신 하나님의 목적을 이루기를 원했다.

그리하여 양육 초기에 우리 부부는 아이들에게 성경 이야기를 읽어 주었다. 매일 밤 아이들을 재울 때 그들을 위해 그들과 함께 기도했다. 아이들이 십대가 되었을 때 하나님 이야기는 우리 집에서 새로운 것이 아니었다. 우리는 함께 성경을 읽고 그 의미에 대해 토론했으며, 아이들이 질문을 하고 그들의 생각을 나누도록 격려했다. 하나님과 성경에 대해 이야기하는 것은 스포츠나 음악 또는 그 밖의 주제들에 대해 이야기하는 것과 꼭 마찬가지로 대화의 일부가 되었다.

우리는 다른 사람들이 성경을 가르치고 그 가르침을 실생활에 적용하는 이야기를 우리 아이들이 듣고 거기서 유익을 얻길 바랐다. 그래서 아이들을 교회에 데려가서 청소년을 대상으로 한 모든 활동에 참여하도록 격려했다. 우리는 하나님과 성경, 그리스도인이 된다는 것의 의미 등에 대해 자유롭게 질문할 수 있는 분위기를 조성하려고 애썼다. 아이들은 둘 다 그리스도의 제자가 되었다. 이제 성인이 된 그들은 헌신적으로 다른 사람들을 섬기는 삶을 살고 있다. 사도 요한은 "내가 내 자녀들이 진리 안에서 행한다 함을 듣는 것보다 더 기쁜 일이 없도다"[2]라고 말했다. 캐롤린과 나는 그 기쁨을 안다! 우리는 자녀에게 우리의 믿음을 강요해서는 안 되지만, 그러나 그들이 우리의 삶을 인도하신 하나님에 대해 알기를 바라는 마음이 있는 것은 확실하다.

다문화 사회에서 당신의 자녀는 다양한 종교 전통 안에서 성장한 친구들을 만날 것이다. 나는 부모들이 자녀에게 다른 사람들의 신앙을 존중하도록 가르칠 것을 권한다. 그리고 자녀가 다른 신앙에 대해 친구들과 지적인 대화를 나눌 수 있도록 다른 종교들의 기본적인 믿음에 대해 알게 할 것을 제안한다. 어윈 루처(Erwin Lutzer)의 『다른 신들 사이의 그리스도』(Christ Among Other gods)[3]가 도움이 될 것이다. 십대는 또한 그리스도인이 왜 그리스도교를 믿는지 설명해 주는 책을 읽을 필요가 있다. 면밀하게 증거들을 살펴본 후 무신론자에서 그리스도인으로 거듭난 리 스트로벨(Lee Strobel)의 저서 두 권을 추천한다. 바로 『예수는 역사다』(The Case for Christ)[4]와 『특종! 믿음 사건』(The Case for Faith)[5]이다.

그리스도교는 일련의 규칙이 아니라 하나님과의 관계이기에 나는 부모들이 자녀에게 날마다 하나님과 대화하는 법을 가르치기를 희망한다. 성경은 종종 '하나님의 말씀'이라 불린다. 따라서 하나님은 '하나님의 말씀'을 통해 우리에게 말씀하신다. 그러니까 하나님과의 대화는 날마다 성경을 읽고 우리가 읽은 부분에 대해 하나님께 말씀드리는 것과 관련이 있다. 우리는 우리가 읽은 진리에 대해 하나님께 감사드릴 수도 있고, 우리의 잘못을 자백하고 용서를 청할 수도 있고, 하나님이 말씀하신 것들을 행할 수 있도록 능력을 주십사고 청할 수도 있고, "무슨 의미인지 잘 모르겠습니다"라고 말씀드릴 수도 있다. 그저 하나님과 솔직하게 대화를 나누는 것이다. 매일 이렇게 대화하는 습관을 들인 십대는 하나님과의 관계가 점점 깊어질 것이다.

부모가 매일같이 하나님과 대화를 나누면 때때로 그들이 읽은 성경 본문과 그에 대한 반응을 자녀와 나눌 수 있을 것이다. 그리고 언젠가는 자녀도 부모에게 그렇게 할 수 있을 것이다. 읽었으나 의미를 이해하지 못한 구절에 대해 부모에게 질문할 수도 있을 것이다. 하나님과의 대화는 꼭 날마다 해야 하는 것은 아니지만 의미가 있어야 한다.

### 예수님이 진짜로 말씀하신 것

자녀에게 요한복음을 읽게 하는 것을 고려해 볼 수도 있다. 열두 제자 중 한 명인 요한이 쓴 이 복음서에는 예수님이 하신 말씀과 행동이 많이 나와 있다. 예수님이 우리에게 하라고 가르치신 것과 하지 말라고 가르치신 것을 자녀에게 적어 보게 하라. 예수님이 가르침을 주신

이유는 그분이 우리를 사랑하시고 또 우리가 좋은 삶을 살길 바라시기 때문이다. 당신의 자녀는 또한 예수님이 그분 자신과 그분이 이 땅에 오신 목적에 대해 말씀하신 것도 명확하게 이해하게 될 것이다. 앞으로 3주 동안 날마다 자녀와 함께 요한복음을 한 장씩 읽고 거기서 배운 것으로 토론하면 좋을 것이다.

하나님과의 관계를 향상시킬 또 다른 방법은 성경의 핵심 구절을 암송하는 것이다. 부모와 자녀가 매달 한 구절씩 암송하기로 하면 어떨까? 일상생활과 관련 있는 성구들을 골라 자주 꺼내 볼 수 있도록 카드에 인쇄하라. 성구들이 익숙해질 때까지 하루에도 몇 번씩 소리 내어 읽으라. 그리고 가끔 서로에게 그 성구들을 인용하라. 예레미야 선지자는 하나님께 "주의 말씀은 내게 기쁨과 내 마음의 즐거움"[6]이라고 말씀드렸다. 말씀을 암송할 때 우리 역시 이런 마음이 될 것이다.

### 자녀를 위해 기도하라

성경을 읽다가 자녀의 삶에 있기 원하는 무언가를 보면 그것이 자녀의 현실이 되게 해 달라고 하나님께 청하라. 자녀에게 지혜를 주셔서 현명한 결정을 내릴 수 있게 해 달라고 기도하라. 그가 살아가는 동안 삶을 풍요롭게 할 사람들을 만나고, 그를 파괴적인 삶의 방식으로 인도할 사람들을 피하게 해 달라고 기도하라. 또한 당신에게 지혜를 주셔서 그와의 관계를 잘 이끌어 나갈 수 있게 해 달라고 기도하라. 누군가는 "하나님은 우리가 끊임없이 기도하도록 우리에게 자녀를 주셨다"고 말했다.

하나님은 십대가 자신에 대한 하나님의 사랑을 알고 거기에 반응하도록 돕는 데 부모가 핵심적인 역할을 하도록 의도하셨다. 고대 이스라엘 사람들에게 하나님은 이렇게 말씀하셨다. "또 그것을 너희의 자녀에게 가르치며 집에 앉아 있을 때에든지, 길을 갈 때에든지, 누워 있을 때에든지, 일어날 때에든지 이 말씀을 강론하고."[7] 이런 것들에 대해 어떻게 말해야 좋을지 모르겠거든 하나님께 지혜를 구하라. 하나님이 도와주실 것이다. 하나님이 당신의 삶 속에 살아 계시다면 당신의 자녀가 이를 본받게 하라(더 자세한 내용은 다음 장을 참고하라).

이 아이디어들이 자녀를 영적으로 지도하는 데 도움이 되기를 바란다. 당신이 믿음에 대해 다시 생각해 보는 중이라면 지역 교회의 목사님이나 도움이 될 만한 누군가를 찾아갈 것을 권한다. 하나님과의 관계는 날마다 조금씩 가까워지는 과정이라는 점에서 인간관계와 비슷하다. 예수님은 말씀하셨다. "수고하고 무거운 짐 진 자들아 다 내게로 오라 내가 너희를 쉬게 하리라 나는 마음이 온유하고 겸손하니 나의 멍에를 메고 내게 배우라 그리하면 너희 마음이 쉼을 얻으리니."[8] 이 같은 초대는 예수님께 나아오는 모든 사람에게 지금도 열려 있다.

### 생각해 보자

1. 당신은 영적인 면에서 자녀를 지도할 준비가 얼마나 되어 있는가? 이에 대해 좀 더 편안한 마음이 되려면 무엇을 해야 할까?

2. 자녀가 어린아이였을 때 당신은 하나님에 대한 믿음을 그들과 나누고자 했는가? 지난날을 돌이켜 볼 때 당신이 다르게 했더라면 하는 것들이 있는가?

3. 현재 자녀가 영적인 면에서 지도가 필요하다고 느끼는가? 만약 그렇다면, 당신은 자녀가 하나님에 관한 생각을 정리하도록 돕기 위해 무엇을 하고 있는가?

4. 이 장에서 제안한 대로 당신은 자녀에게 날마다 하나님과 대화하게 할 마음이 있는가? 당신 자신도 그렇게 하고자 하는가?

5. 당신과 자녀는 교회에 다니는가? 만약 그렇지 않다면 한번 다녀 볼 의향이 있는가? 자녀에게 긍정적인 영향을 미칠 교회를 찾는 데 도움을 줄 사람이 있는가?

6. 이 장에 나오는 어떤 제안을 자녀에게 적용해 보고 싶은가? 그러기 위해서는 어떤 단계를 밟아야 하는가?

Things I Wish I'd Known
Before My Child Became
a Teenager

# 12

## 부모의 본은
## 부모의 말보다 중요하다

이 책 전체에 걸쳐 나는 부모가 자녀의 정서적, 지적, 사회적, 영적 욕구를 알아야 함을 강조했다. 내가 목표한 바는 내 아이들이 십대가 되기 전에 알았더라면 좋았을 것들을 많은 부모와 나누는 것이다. 당신이 여기까지 읽었다면 내가 이러한 요구 사항을 만족시킬 실제적인 아이디어들을 제시해 왔음을 알 것이다. 대부분의 장에서 나는 부모의 본이 중요함을 암시해 왔다. 이 장에서는 부모의 본이 가진 힘에 초점을 맞추고자 한다.

우리 아이들이 십대가 되기 전에 나는 이 책에서 논한 많은 영역에서 그들을 가르치고 훈련할 책임에 대해 잘 알고 있었다. 내가 알지 못했던 것은 내가 사는 방식이 내가 하는 말보다 더 큰 영향을 미치리라는 것이었다. 이 같은 사실은 교육과 훈련의 가치를 최소화하기보다는 내가 보이는 본의 가치를 최대화한다. 아이들은 내가 가르치는 것을 실행에 옮기는 만큼 내가 가르치는 것에 귀 기울이고 이를 실생활에 적용한다. 내가 가르치는 것과 살아가는 방식이 차이가 날 때 아이들은 내 말을 가볍게 여기기 쉽다. 따라서 나의 본은 나의 말보다 중요하다.

'부전자전 모전여전'이라는 옛말이 있다. 이 말이 어디서 유래했는지는 모르지만, 나는 부모들과 그들의 십대 자녀들과 상담을 하면서 이 말이 진리임을 깨달았다. 알코올중독자 아버지에게는 알코올중독자 아들이 있는 경우가 많고, 통제하기 좋아하는 성향인 어머니에게는 역시 통제하기 좋아하는 성향인 딸이 있는 경우가 많다. 아내와 아이들을 학대하는 아버지의 아들은 다른 사람들을 학대하기 쉽다. 학대받은 사람이 종종 다른 사람을 학대한다는 것은 상담가들 사이에 잘 알려진 사실이다.

그렇다고 부모의 본이 반드시 반복된다는 말은 아니다. 전혀 그렇지 않다! 적절한 도움이 주어질 때 자녀는 부정적인 본보기를 통해서도 교훈을 얻을 수 있다. 이것이 모든 상담가가 바라는 결과다. 우리는 부모의 잘못된 본을 되풀이하도록 운명 지어지지 않았지만, 그들의 본으로부터 큰 영향을 받는다. 그리 바람직하지 않은 환경에서 자라는 십대들에게 학교 상담교사나 상담가들의 역할이 매우 중요한 이유다.

자녀들이 잠재력을 발휘할 최상의 기회를 제공하고자 애쓰는 부모라면 자신들이 가르치는 것을 몸소 행함으로써 본을 보여야 한다. 자녀에게 "내가 행동하는 대로 하지 말고 말하는 대로 해"라고 말하는 것은 주도권을 쥔 듯한 느낌을 주지만, 자녀의 인격을 발달시키지는 못한다. 자녀에게는 당신의 행동이 더 크게 다가와 당신의 말이 들리지 않기 때문이다. 그러나 당신이 가르친 것이 당신의 행동에 반영될 때, 당신의 말은 당신이 가르치고자 하는 것들을 더 잘 이해할 수 있도록 해 줄 것이다.

내가 스스로에게 던진 가장 두려운 질문 중 하나는 "내 아이들이 나처럼 되면 어떡하나?"였다. 아이들이 어렸을 때는 이런 질문을 하지 않았다. 하지만 아이들이 십대가 되자 그들에게서 나의 성격 특성 중 일부가 보이기 시작했다. 그중에는 긍정적인 것도 있었지만 부정적인 것도 있었다. 그래서 그런 질문을 하게 되었고, 그 질문이 일깨워 준 경각심은 내 삶을 변화시키는 데 도움이 되었다.

그러니 용기를 내어 스스로에게 질문해 보라.

"내 아이가 자라서 _____한다면 어떡할 것인가?"

- 내가 분노를 다루는 것처럼 분노를 다룬다면?
- 내가 배우자를 대하는 것처럼 자신의 배우자를 대한다면?
- 내가 운전하는 것처럼 운전한다면?
- 내 직업 윤리와 같은 직업 윤리를 갖는다면?

- 내가 다른 사람에게 말하는 것처럼 다른 사람에게 말한다면?
- 우리와 '다른' 사람들에 대해 내가 말하는 것처럼 말한다면?
- 알코올이나 마약에 대해 내가 반응하는 것처럼 반응한다면?
- 내가 하나님과 관계 맺는 것처럼 하나님과 관계 맺는다면?
- 내가 돈을 다루는 것처럼 돈을 다룬다면?
- 내가 그를 대하는 것처럼 자신의 자녀를 대한다면?
- 내가 사과하는 것처럼 사과한다면?
- 내가 용서하는 것처럼 용서한다면?

이 외에도 당신 자신의 질문들을 덧붙일 수 있을 것이다.

그렇다. 이것은 정말 겁나는 일이지만, 그럼에도 이 이야기를 하는 것은 당신이 내가 했던 것보다 더 일찍 이런 것들을 자문해 보길 바라는 마음에서다. 자녀가 당신의 행동을 따라 할 때까지 기다릴 필요도 없다. 조금만 돌아보아도 당신이 이제까지 해 왔던 방식 중 변화가 필요한 것들을 찾아낼 수 있을 것이다. 우리는 자녀들에게 친절하고, 예의 바르고, 겸손하고, 너그럽고, 정직하고, 쉽게 용서하고, 오래 참으라고 가르친다. 그러므로 이러한 자질들을 우리 자신의 삶을 통해 보여 주도록 하자.

내가 십대였을 때 우리 부모님은 내게 인생을 살아가는 데 필요한 건전한 원리들을 가르치셨다. 다음은 그중 일부다.

- 네가 하겠다고 말한 것은 반드시 실천해라.
- 모든 사람을 소중히 여기고 존중해라.
- 인생에서 중요한 것은 명예나 돈이 아님을 기억해라. 중요한 것은 다른 사람들을 돕는 데 네 능력을 사용하는 것이다.
- 네가 대접받고자 하는 대로 다른 사람들을 대접해라.
- 하나님을 첫 번째에 두고 예수님의 가르침을 따라라.
- 늘 진실을 말해라.
- 네가 내린 모든 결정에는 결과가 따른다는 것을 잊지 말아라.
- 잘못을 했거나 누군가에게 상처를 줬을 때는 반드시 사과해라.

내가 성인이 되어서도 이 원리들을 기억하는 것은 왜일까? 부모님이 이런 말씀을 자주 하셨기 때문이 아니라 그분들이 그렇게 사시는 모습을 보았기 때문이다.

이 책에서 나는 우리 아이들이 십대가 되기 전에 알았더라면 좋았을 것들 12가지를 나누었다. 그중 대부분은 우리가 자녀들에게 가르치고 훈련시키는 것이다. 우리는 성공적인 삶을 살아가는 데 필요한 기술과 태도, 행동을 가르치기 위해 우리의 말과 행동을 사용한다. 마지막 장에서 강조하고 싶은 것은 이러한 가르침과 관련하여 우리가 삶을 통해 본을 보이는 것의 중요성이다.

하나님께 잘못을 자백하고 용서를 받은 사람은 필요한 변화를 만들어 내는 데 하나님의 도우심을 받는다. 우리 중 많은 사람이 사도 바울의 다음과 같은 말에 공감할 것이다. "그러므로 내가 한 법을 깨달았노니 곧 선을 행하기 원하는 나에게 악이 함께 있는 것이로다."[1] 스스로의 노력만으로는 충분하지 않다. 나중에 바울은 이렇게 말했다. "내게 능력 주시는 자 안에서 내가 모든 것을 할 수 있느니라."[2] 하나님은 그분의 자녀들이 필요한 변화를 만들어 내도록 도우시는 데서 기쁨을 느끼신다. 좋은 소식은, 우리가 자녀들이 우리처럼 되는 것을 기쁘게 여기는 사람이 될 수 있다는 것이다. 그것이 내가 수년 전에 경각심을 갖게 된 이후로 줄곧 추구해 온 목표다. 당신도 그렇게 되기를 바란다.

## 생각해 보자

1. 당신이 십대였을 때 부모님에게 배운 삶의 원리에는 어떤 것들이 있는가? 부모님은 이 원리들을 삶 가운데서 얼마나 잘 구현하셨는가?

2. 자녀에게 좋은 본이 되기 위해, 이 장에서 제시된 경각심을 일깨우는 질문("내 아이가 자라서 ____한다면 어떡할 것인가?")을 스스로에게 기꺼이 던지겠는가?

   - 내가 분노를 다루는 것처럼 분노를 다룬다면?
   - 내가 배우자를 대하는 것처럼 자신의 배우자를 대한다면?
   - 내가 운전하는 것처럼 운전한다면?
   - 내 직업 윤리와 같은 직업 윤리를 갖는다면?
   - 내가 다른 사람에게 말하는 것처럼 다른 사람에게 말한다면?
   - 우리와 '다른' 사람들에 대해 내가 말하는 것처럼 말한다면?
   - 내가 갈등을 다루는 것처럼 갈등을 다룬다면?
   - 내가 시집이나 처가를 대하는 것처럼 자신의 시집이나 처가를 대한다면?
   - 내가 그를 대하는 것처럼 자신의 자녀를 대한다면?
   - 내가 사과하는 것처럼 사과한다면?
   - 내가 용서하는 것처럼 용서한다면?
   - 내가 돈을 다루는 것처럼 돈을 다룬다면?
   - 알코올이나 마약에 대해 내가 반응하는 것처럼 반응한다면?
   - 내가 하나님과 관계 맺는 것처럼 하나님과 관계 맺는다면?

당신은 이 중 어떤 영역에서 달라지고 싶은가? 가장 먼저 어느 영역에 초점을 맞추고 싶은가? 그러기 위해 이번 주에 어떤 단계를 밟고자 하는가?

3. 당신은 이 같은 변화를 만들어 내기 위해 기꺼이 하나님께 도움을 청하겠는가?

4. 자녀에게 "내가 더 좋은 부모가 되기 위해 달라져야 할 것을 한 가지만 꼽으라면 무엇을 꼽고 싶어?"라고 물어보라. 자녀의 대답은 그가 의미 있다고 여기는 변화에 당신이 초점을 맞추는 데 도움이 될 것이다. 당신이 이 질문을 했다는 사실 자체가 당신이 기꺼이 성장하고자 한다는 것을 보여 준다. 그 모습을 보면서 자녀 또한 그런 태도를 본받게 될 것이다.

## 에필로그

나는 오랜 세월 커플들이 결혼생활을 준비하도록 돕는 데 많은 시간을 투자해 왔다. 그리고 결혼식 준비에 들인 만큼 결혼생활을 준비하는 데도 시간을 들인다면 부부는 훨씬 나은 결혼생활을 하게 되리라고 믿는다. 육아에도 동일한 원리가 적용된다. 출산을 준비하는 데 들인 만큼 아이를 키울 준비를 하는 데 시간을 들인다면 부모는 훨씬 좋은 부모가 될 것이다.

만약 당신이 자녀가 십대가 되기 전에 이 책을 읽었다면 당신은 사전 준비가 과제를 훨씬 쉽게 해 줌을 아는 소수에 속한다. 만약 당신이 십대 자녀를 키우면서 이 책을 읽고 있다면 당신은 기름이 바닥나기 전에 어떻게든 차바퀴가 굴러가기를 기다리는 다수에 속한다. 당신이 소수에 속하든 다수에 속하든, 이 책이 당신에게 도움이 되기를 바란다. 당신의 집에 십대 자녀가 있는 한, 자녀 양육 방법을 개선하는 데 너무 늦은 때란 없다.

그 첫걸음은 우리의 잘못을 알아차리고 자녀에게 진심으로 사과하는 것이다. 한 아버지는 이렇게 말했다. "제가 아들에게 '생각해 보니 네게 잘못한 게 많아'라고 말했을 때 아들과의 관계가 진일보했습니다. 사실 제가 잘못을 나누고 용서를 구했을 때 아들은 저를 용서했을 뿐만 아니라 자신의 잘못을 인정하기까지 했답니다. 그것은 우리 둘에게 엄청난 해방감을 안겨 주었어요." 이 아버지는 부모가 자신의 잘못에 대한 책임을 인정할 때 일어나는 강력한 치유를 보여 주고 있다. 사과와 용서는 부모-자식 관계를 건강하게 이끄는 긍정적인 변화를 만들어 내는 시작점이다.

누군가 말했듯 "미래의 가장 좋은 점은 한 번에 하루씩 다가온다는 것이다." 우리가 살아가는 방식에 크고 작은 변화를 만들어 내면서 하루하루 십대 자녀와 소통할 때 우리는 미래를 최대한 활용하게 될 것이다. 십대는 점토 같아서, 그를 진정으로 사랑하는 부모에 의해 빚어질 수 있다. 내가 이 책에서 말한 그 어떤 것보다 더 중요한 것은 십대의 애정 욕구를 충족해 주는 것이다. 당신이 아직 자녀의 주된 사랑의 언어를 발견하지 못했다면 그 언어를 찾아서 정기적으로 사용할 것을 권한다. 사랑받는다고 느끼는 십대는 더 부모의 말에 열려 있다.

만약 당신의 자녀가 정서 면에서나 정신 면에서, 또는 행동 면에서 문제가 있다면 전문가의 도움을 받으라. 학교생활에 문제가 있다면 상담교사를 찾아가는 것에서부터 시작할 수 있다. 부모들은 종종 "적절한 상담가를 어디서 찾을 수 있을까요?"라고 묻는다. 지역 상담가들을 알 만한 지역 교회 목사님에게 물어보는 것도 한 가지 방법이다.

십대 자녀 양육은 쉬운 일이 아니지만 크나큰 보람을 느낄 수 있는 일이다. 자녀가 십대 시절과 그 이후로도 잠재력을 발휘해 나가는 것을 보면서 당신은 만족의 샘에서 물을 길어 올리게 될 것이다. 캐롤린과 나는 이제는 성인이 된 우리 아이들이 그들의 결혼생활과 다른 사람들을 돕는 일에 헌신하는 모습을 보며 큰 기쁨을 느낀다. 그리고, 그렇다, 대학에 입학할 나이가 된 손주들이 교육의 기회를 최대한 활용하는 것을 보면서도 역시 큰 기쁨을 느낀다. 그리고 이에 대해 참으로 감사함을 느낀다. 십대 자녀를 둔 모든 부모가 동일한 기쁨을 누리기를 바란다.

당신에게 이 책이 도움이 되었으면 한다. 만약 그랬다면, 십대 자녀를 양육하는 다른 친구들에게도 이 책을 추천해 주길 바란다. 5lovelanguages.com에서 더 많은 정보를 찾아볼 수 있다.

_ 게리 채프먼

**감사의 말**

내 사무실에서 십대 자녀에 관한 고민을 나눈 모든 부모님에게 감사드린다. 그들과 나눈 솔직한 대화는 요즘 시대에 십대 자녀를 키우는 일의 어려움을 아는 데 큰 도움이 되었다. 고민을 나눈 십대들에게도 고마운 마음을 전한다.

늘 그렇듯 아내 캐롤린에게 감사하다. 그녀는 내 원고의 첫 번째 편집자다. 노스필드출판사의 편집진은 나의 다른 모든 책에 그랬던 것처럼 이번 책에도 지원을 아끼지 않았다. 특히 편집 과정에서 좋은 제안을 해 준 벳시 뉴언하이스에게 감사드린다. 그리고 늘 격려와 조언으로 사기를 북돋워 준 존 힝클리에게도 깊이 감사드린다.

한때 십대였던 내 아이들, 셸리와 데릭은 내가 그들의 십대 시절을 기억할 수 있도록 도와주었다. 손자 엘리엇과 손녀 데이비 그레이스는 내가 요즘의 십대들을 이해하는 데 기여했다. 유익한 참고 자료들을 소개해 준 드루 힐에게 다시 한번 감사의 마음을 전하고 싶다.

# 참고 자료

### 01 십대는 논리적으로 생각하는 능력을 기르는 중이다

**대니얼 J. 시겔 박사, 『십대의 두뇌는 희망이다』**
(*Brainstrom: The Power and Purpose of the Teenage Brain*, 처음북스 역간)

이 책은 십대의 뇌에서 일어나는 변화, 특히 새로운 것 추구와 사회적 교류, 점차 강도가 세지는 정서, 창의적인 탐색 등과 관련한 변화를 매력적으로 설명한다. 이 변화는 위험하고 부정적인 가능성을 포함하고 있지만, 시겔 박사는 독자들이 청소년기의 긍정적인 면과 부정적인 면 모두를 이해하도록 돕는다.

### 02 십대는 문화로부터 지대한 영향을 받는다

**토니 라인키, 『스마트폰, 일상이 예배가 되다』**
(*12 Ways Your Phone is Changing You*, CH북스 역간)

이 통찰력 있는 책은 스마트폰이 어떻게 상상 이상으로 우리에게 영향을 미치는지를 보여 준다. 스마트폰은 거의 중독 수준이라고 할 만큼 주의를 산만하게 한다. 또한 우리가 서로를 대하는 방식을 변화시키고, 즉각적인 인정과 만족을 갈망하게 한다. 우리 자신도 모르게 변해 갈 이 같은 위험성을 이해하는 것은 스마트폰 시대에 건강하게 테크놀로지를 활용하는 데 도움이 될 실제적인 훈련으로 우리를 인도한다.

### 03 십대는 사랑받는다고 느낄 필요가 있다

**게리 채프먼, 『십대의 5가지 사랑의 언어』**
(*The 5 Love Languages of Teenagers: The Secret to Loving Teens Effectively*, 생명의말씀사 역간)

5가지 사랑의 언어를 더 심층적으로 다룬 이 책은 십대의 발달상의 변화를 설명하는 한편, 부모들에게 십대 자녀의 사랑의 언어로 소통할 실제적인 도구들을 제공한다. 부모와 자녀 모두 5lovelanguages.com에서 간단한 검사를 통해 자신의 사랑의 언어를 알 수 있다.

### 게리 채프먼, 페이지 헤일리 드리가스, 『청소년이 알아야 할 5가지 사랑의 언어』
(*A Teen's Guide to the 5 Love Languages*, 생명의말씀사 역간)

5가지 사랑의 언어를 소개하고, 그 언어들을 이해하는 것이 중요한 관계들에 어떻게 도움이 되는지를 알려 주는 청소년용 안내서다. 짧지만 잘 디자인된 이 책은 십대들에게 많은 도움이 될 것이다.

## 04 십대는 점차 독립적인 성향을 띠게 된다

### 존 타운센드, 『No라고 말할 줄 아는 십대 양육』
(*Boundaries with Teens: When to Say Yes, How to Say No*, 좋은씨앗 역간)

십대가 건강한 성인이 되도록 도우려면 그들에게 자신의 행동과 태도, 감정을 책임지는 법을 가르쳐야 한다. 이 널리 알려진 베스트셀러에서 타운센드 박사는 십대의 무례한 태도를 다루고 그들에게 건강한 바운더리를 설정해 주는 데 도움이 될 원칙들을 제시한다.

### 티시 해리슨 워런, 『오늘이라는 예배』
(*Liturgy of the Ordinary*, IVP 역간)

이 책은 침구 정리나 열쇠 분실 같은 일상적인 일들을 영적 수행으로 바라보도록 돕는다. 독립성은 어린 자녀가 은행 계좌를 만드는 것 이상으로, 자녀가 부모와는 상관없이 영적인 이해를 발전시키는 것과도 관련이 있다. 『오늘이라는 예배』는 당신과 자녀 모두 일상의 가장 단순한 행위 안에서 하나님과 연결될 수 있다는 통찰을 제공한다.

### 05 십대는 사회적 관계 형성의 기술을 배울 필요가 있다

**숀 코비, 『성공하는 10대들의 7가지 습관』**
(*7 Habits of Highly Effective Teens*, 김영사 역간)

『성공하는 사람들의 7가지 습관』의 후속작인 이 책은 십대에게 팀워크와 경청하기, 또래 압력에 저항하기, 우정 쌓기, 괴롭힘에 대응하기와 같은 사회적 관계 형성의 기술을 가르친다. 최근에 디지털 시대의 새로운 문제들을 다룬 개정판이 나왔다.

### 06 십대는 분노를 다루는 법을 배울 필요가 있다

**펀칭백**

십대가 분노를 다루는 적절한 방법에 펀칭백을 포함시키는 것이 좋을지에 대해서는 논란이 있을 수 있지만, 이것은 다양한 치료 요법 중 청소년에게 공통으로 추천하는 방법이다. 아이들은 종종 배출구가 제한되어 있는 가운데 강렬한 감정을 경험한다. 웨이트 리프팅이나 달리기, 펀칭백 같은 운동이나 심지어 머리를 베개에 파묻고 고함을 지르는 것이 당신이 이제껏 보아 왔을 여러 행동보다 더 바람직하다. 장기적인 문제 해결 방법으로는 적합하지 않지만, 일시적으로라도 감정을 다스릴 방법이 절실히 필요하다면 펀칭백은 집 안의 석고벽을 교체하는 것보다 훨씬 싸게 먹힌다.

## 07 십대는 사과하고 용서하는 법을 배울 필요가 있다

### 빅토르 위고, 『레 미제라블』
(*Les Miserables*)

시대를 통틀어 가장 잘 알려진 용서 이야기 중 하나이자 역사상 가장 긴 소설 중 하나다. 1,500여 페이지를 다 읽기가 부담스럽다면 동명의 영화를 시청하는 것도 고려할 만하다. 자녀와 함께 의미 있는 영화를 보고 그 내용에 대해 토론하는 것은 자녀와의 유대감 형성에 큰 도움이 될 것이다.

### 프랜신 리버스, 『리디밍 러브』
(*Redeeming Love*, 텸북 역간)

이 책은 성경 이야기 중 비교적 덜 알려진 이야기이지만 용서에 관한 강력한 메시지를 담고 있다. 프랜신 리버스의 극적인 재구성을 통해 메시지가 생생하게 와닿는다.

### 게리 채프먼, 제니퍼 토머스, 『5가지 사과의 언어』
(*The 5 Apology Languages: The Secret to Healthy Relationships*, 생명의말씀사 역간)

당신이 누군가와의 관계를 회복하기에는 이미 너무 늦었다고 느낀다면, 여기 관계 개선을 위한 방법을 한 단계씩 차근히 알려 주는 책이 있다. 이 책은 용서하는 법과 용서받는 법 모두를 더 잘 이해할 수 있도록 도와줄 것이다.

## 08 십대는 적절한 인도를 받을 필요가 있다

### 낸시 피어시, 『네 몸을 사랑하라』
(*Love Thy Body: Answering Hard Questions about Life and Sexuality*, 복있는사람 역간)

이 책은 우리 시대의 가장 어려운 질문들을 회피하지 않는다. 성 정체성과 쉽게 성관계를 갖는 문화, 섹슈얼리티, 낙태 등의 문제를 정면으로 다룬다.

### 필립 얀시, 폴 브랜드 박사, 『몸이라는 선물』
(*Fearfully and Wonderfully: The Marvel of Bearing God's Image*, 두란노 역간)

인간의 몸에 찍힌 하나님의 지문의 경이와 신비를 일깨워 주는 매혹적인 책이다. 당신의 자녀가 과학이나 해부학, 의학에 관심이 있다면 이 책으로 그에 관한 대화를 시작할 수 있을 것이다(그리고 십대들은 나환자들을 도운 브랜드 박사의 이야기에 흥미를 느낄 것이다).

### 브렛 맥크라켄, 『지혜 피라미드』
(*The Wisdom Pyramid: Feeding Your Soul in a Post-Truth World*, 성서유니온선교회 역간)

이 책은 끊임없이 십대들의 주의를 끄는 유해하고 중독적인 정보의 홍수에 한 줄기 빛을 비춘다. 맥크라켄은 성인과 어린이 모두 미디어 소비를 줄이고 진정한 지혜를 얻을 보다 신뢰할 만한 방법을 발견하도록 돕는다.

## 09 십대는 봉사하는 태도를 배울 필요가 있다

### 프랜시스 챈, 『크레이지 러브』
(*Crazy Love: Overwhelmed by a Relentless God*, 아드폰테스 역간)

프랜시스 챈은 그가 가르치는 것을 삶에서 실천하는 또 한 명의 사람이다. 십대에게 종종 공감을 불러일으키는 이 책은 당신의 자녀에게 봉사와 믿음의 삶에 대한 비전을 심어 줄 것이다. CrazyLoveBook.com에서 이 책의 내용을 바탕으로 한 비디오를 볼 수 있다.

### 찰스 스윈돌, 『섬기는 삶은 이처럼 아름답다』
(*Improving Your Serve: The Art of Unselfish Living*, CLC 역간)

이 고전은 우리 마음속에 완강하게 버티고 있는 이기적인 본성의 많은 부분을 드러내 주는 까닭에 읽기 어렵다. 스윈돌은 섬기는 사람의 진정한 힘과 영향력, 그리고 다른 사람들을 위해 자신의 삶을 내려놓을 때 오는 풍성한 보상을 보여 준다.

## 10 십대의 정서 건강은 학업에 큰 영향을 미친다

### 피터 스카지로, 『정서적으로 건강한 영성』
(*Emotionally Healthy Spirituality: It's Impossible to Be Spiritually Mature While Remaining Emotionally Immature*, 두란노 역간)

아빌라의 테레사는 "영적인 삶에서 거의 모든 문제는 스스로를 잘 모르는 데서 기인한다"고 말했다. 감성 지능 전문가가 쓴 이 책은 당신이 누구이며 왜 그런 사람인지 이해할 수 있게 해 주는 긴 상담 세션과도 같다. 부모가 용기를 내어 자신이 살아온 이야기에 접근한다면 자녀와의 관계에 깊은 이해와 변화가 생길 것이다.

## 11  십대에게는 영적인 면에서 지도가 필요하다

### 바이블프로젝트닷컴
(*BibleProject.com*)

성경 비디오와 팟캐스트, 블로그, 강의, 그리고 성경 이해를 돕는 학습 자료 들을 무료로 제공하는 애니메이션 스튜디오다. 자녀가 하나님의 말씀을 더 잘 이해하기를 바란다면 바이블프로젝트 유튜브 비디오가 좋은 출발점이 되어 줄 것이다.

### 라잇나우미디어닷오르그
(*RightNowMedia.org*)

전 세계에서 가장 큰 성경 비디오 자료실이다. 지역 교회나 비영리 단체 등을 통해 무료로 제공하는 콘텐츠도 있고 유료로 제공하는 콘텐츠도 있다. 그리스도교 비디오계의 넷플릭스라 할 수 있다.

### 성구 암송

채프먼 박사는 부모와 십대 자녀가 암송해야 할 12개의 짤막한 성구를 추천한다.

- 시편 119:9-11, 이사야 41:10, 요한복음 3:16, 로마서 6:23, 고린도전서 10:13, 빌립보서 4:6-7, 갈라디아서 5:22, 요한복음 13:34-35, 요한복음 14:6, 마태복음 11:28-29, 디모데전서 4:12, 빌립보서 2:4.

NLT(New Living Translation)나 NIV(New International Version)처럼 더 현대적인 용어로 번역된 성경으로 읽으면 좋을 것이다(한글 번역본으로는 현대인의 성경, 쉬운 성경, 우리말 성경 등이 있다—역주). 집에 성경이 없다면 스마트폰으로 성경 앱을 다운받을 수도 있다.

## 12 부모의 본은 부모의 말보다 중요하다

**〈결혼생활에 관한 게리 채프먼 박사의 책〉**

『행복한 결혼생활을 위한 9가지 포인트』
(The Marrige You've Always Wanted, 생명의말씀사 역간)

『결혼 전에 꼭 알아야 할 12가지』
(Things I Wish I'd Known Before We Got Married, 생명의말씀사 역간)

『5가지 사랑의 언어』
(The 5 Love Languages, 생명의말씀사 역간)

**〈영적 리더십〉**

루스 헤일리 바턴, 『영혼의 리더십』
(Strengthening the Soul of Your Leadership: Seeking God in the Crucible of Ministry, IVP 역간)

육아에 전념하다 보면 지친 나머지 생명과 영혼까지 소진되는 것처럼 느끼기 쉽다. 이 책에서 루스 헤일리 바턴은 지도자 역할을 하는 사람들이 영혼의 자취를 놓칠 때 어떤 일이 일어나는지 살펴보도록 독자들을 초대한다. 자녀를 잘 인도하고 싶다면 먼저 당신 자신의 영혼을 강건히 해야 한다.

# 주

**08 십대는 적절한 인도를 받을 필요가 있다**

    1) 아편과 비슷한 작용을 하는 합성 마취약. - 역주

**09 십대는 봉사하는 태도를 배울 필요가 있다**

    1) 마태복음 20:28.
    2) 요한복음 13:34.
    3) 공중에 던지며 노는 플라스틱 원반. - 역주

**10 십대의 정서 건강은 학업에 큰 영향을 미친다**

    1) 계산하는 데 어려움을 겪는 증상. - 역주

## 11  십대에게는 영적인 면에서 지도가 필요하다

1) 요한복음 10:18.
2) 요한삼서 1:4.
3) Erwin Lutzer, *Christ Among Other gods* (Chicago: Moody Publishers, 2016).
4) Lee Strobel, *The Case for Christ* (Grand Rapids: Zondervan, 1998). (『예수는 역사다』, 두란노 역간)
5) Lee Strobel, *The Case for Faith* (Grand Rapids: Zondervan, 2000). (『특종! 믿음 사건』, 두란노 역간)
6) 예레미야 15:16.
7) 신명기 11:19.
8) 마태복음 11:28-29.


## 12  부모의 본은 부모의 말보다 중요하다

1) 로마서 7:21.
2) 빌립보서 4:13.

# 사춘기 부모 학교

Things I Wish I'd Known
Before My Child Became
a Teenager

## 사명선언문

너희가 흠이 없고 순전하여……세상에서 그들 가운데 빛들로
나타내며 생명의 말씀을 밝혀 _ 빌 2:15-16

### 1. 생명을 담겠습니다
만드는 책에 주님 주신 생명을 담겠습니다.
그 책으로 복음을 선포하겠습니다.

### 2. 말씀을 밝히겠습니다
생명의 근본은 말씀입니다.
말씀을 밝혀 성도와 교회의 성장을 돕겠습니다.

### 3. 빛이 되겠습니다
시대와 영혼의 어두움을 밝혀 주님 앞으로 이끄는
빛이 되는 책을 만들겠습니다.

### 4. 순전히 행하겠습니다
책을 만들고 전하는 일과 경영하는 일에 부끄러움이 없는
정직함으로 행하겠습니다.

### 5. 끝까지 전파하겠습니다
모든 사람에게, 땅 끝까지, 주님 오시는 그날까지
복음을 전하는 사명을 다하겠습니다.

## 서점 안내

| | |
|---|---|
| **광화문점** | 서울시 종로구 새문안로 69 구세군회관 1층<br>02)737-2288 / 02)737-4623(F) |
| **강남점** | 서울시 서초구 신반포로 177 반포쇼핑타운 3동 2층<br>02)595-1211 / 02)595-3549(F) |
| **구로점** | 서울시 동작구 시흥대로 602, 3층 302호<br>02)858-8744 / 02)838-0653(F) |
| **노원점** | 서울시 노원구 동일로 1366 삼봉빌딩 지하 1층<br>02)938-7979 / 02)3391-6169(F) |
| **일산점** | 경기도 고양시 일산서구 중앙로 1391 레이크타운 지하 1층<br>031)916-8787 / 031)916-8788(F) |
| **의정부점** | 경기도 의정부시 청사로47번길 12 성산타워 3층<br>031)845-0600 / 031)852-6930(F) |
| **인터넷서점** | www.lifebook.co.kr |